NE능률 영어교과서

대한민국 고등학생 **10**명 중 **4.7** 명이 보는 교과서

영어 고등 교과서 점유율 1위
(7차, 2007 개정, 2009 개정, 2015 개정)

능률보카

그동안 판매된
능률VOCA 1,100만 부

대한민국 박스오피스
**천만명을 넘은 영화
단 28개**

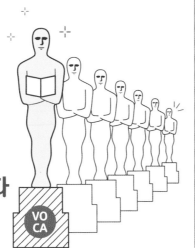

리딩튜터

READING TUTOR

그동안 판매된
리딩튜터 1,900만 부
차곡차곡 쌓으면 19만 미터

**에베레스트
21 배 높이**

190,000m

에베레스트 8,848m

그래머존

그동안 판매된 450만 부의 그래머존을 바닥에 쭉 ~ 깔면

1000km 서울 - 부산 왕복가능

서울

부산

· 중학영문법 ·

총정리
모의고사

LEVEL 2

지은이	NE능률 영어교육연구소
선임연구원	김지현
연구원	박수경
외주 연구원	한정은
영문교열	Patrick Ferraro, Bryce Olk
디자인	민유화
맥편집	허문희

교재 개발에 도움을 주신 분 김용진

Let's grow together

NE능률이
미래를
창조합니다.

건강한 배움의 고객가치를 제공하겠다는 꿈을 실현하기 위해
40년이 넘는 시간 동안 열심히 달려왔습니다.

앞으로도 끊임없는 연구와 노력을 통해
당연한 것을 멈추지 않고

고객, 기업, 직원 모두가 함께 성장하는 NE능률이 되겠습니다.

NE능률의 모든 교재가 한 곳에 - 엔이 북스
NE_Books

중학영문법

총정리
모의고사

내·신·상·위·권·을·위·한

2 LEVEL

STRUCTURES & FEATURES

1. 시험에 진짜 나오는 문법 포인트

● 필수 문법을 관련 문법 항목끼리 묶어 수록하였습니다.

● 〈내신 빈출 문법〉을 통해 학교 시험에 자주 출제되는 문법 사항을 익힐 수 있습니다.

2. UNIT 모의고사 2회

신경향 기출 유형을 반영한 모의고사를 매 UNIT당 2회씩 수록하였습니다. 서술형을 포함하여 학교 시험에 자주 출제되는 문제 유형을 집중 훈련할 수 있습니다.

3. 누적 총정리 모의고사 5회

각 UNIT의 문법 항목을 모두 포함한 〈누적 총정리 모의고사〉를 총 5회 수록하였습니다. 문제를 풀면서 배운 문법을 총정리할 수 있습니다.

학습 계획·현황

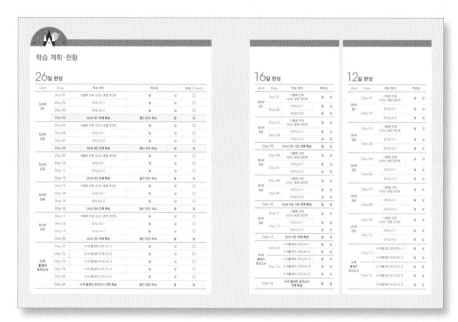

26일 완성, 16일 완성, 12일 완성의 3가지 학습 계획 중, 자신에게 맞는 것을 선택하여 계획을 세우고, 현황을 기록할 수 있습니다.

학습 확인표

문항별 출제 포인트를 확인할 수 있는 〈학습 확인표〉를 통해 취약한 문법 항복을 점검하고 복습할 수 있습니다.

정답 및 해설

문항별 출제 포인트를 수록하여 문제의 핵심을 쉽게 파악할 수 있고, 해석과 해설, 어휘를 자세히 수록하여 자습이 용이합니다.

[기출응용], [통합유형]으로 학교 시험에 완벽하게 대비할 수 있습니다.

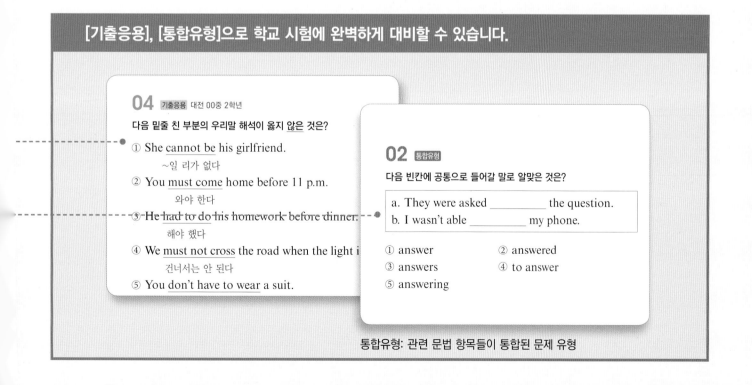

04 기출응용 대전 00중 2학년

다음 밑줄 친 부분의 우리말 해석이 옳지 <u>않은</u> 것은?

① She cannot be his girlfriend.
  ~일 리가 없다
② You must come home before 11 p.m.
  와야 한다
③ He had to do his homework before dinner.
  해야 했다
④ We must not cross the road when the light i
  건너서는 안 된다
⑤ You don't have to wear a suit.

02 통합유형

다음 빈칸에 공통으로 들어갈 말로 알맞은 것은?

a. They were asked _____ the question.
b. I wasn't able _____ my phone.

① answer　　　　② answered
③ answers　　　　④ to answer
⑤ answering

통합유형: 관련 문법 항목들이 통합된 문제 유형

CONTENTS

학습 계획·현황

26일 완성

Unit	Day	학습 범위	학습일		복습 Check
Unit 01	Day 01	시험에 진짜 나오는 문법 포인트	월	일	☐
	Day 02	모의고사 1	월	일	☐
	Day 03	모의고사 2	월	일	☐
	Day 04	**Unit 01 전체 복습**	틀린 문항 복습:	월	일
Unit 02	Day 05	시험에 진짜 나오는 문법 포인트	월	일	☐
	Day 06	모의고사 1	월	일	☐
	Day 07	모의고사 2	월	일	☐
	Day 08	**Unit 02 전체 복습**	틀린 문항 복습:	월	일
Unit 03	Day 09	시험에 진짜 나오는 문법 포인트	월	일	☐
	Day 10	모의고사 1	월	일	☐
	Day 11	모의고사 2	월	일	☐
	Day 12	**Unit 03 전체 복습**	틀린 문항 복습:	월	일
Unit 04	Day 13	시험에 진짜 나오는 문법 포인트	월	일	☐
	Day 14	모의고사 1	월	일	☐
	Day 15	모의고사 2	월	일	☐
	Day 16	**Unit 04 전체 복습**	틀린 문항 복습:	월	일
Unit 05	Day 17	시험에 진짜 나오는 문법 포인트	월	일	☐
	Day 18	모의고사 1	월	일	☐
	Day 19	모의고사 2	월	일	☐
	Day 20	**Unit 05 전체 복습**	틀린 문항 복습:	월	일
누적 총정리 모의고사	Day 21	누적 총정리 모의고사 1	월	일	☐
	Day 22	누적 총정리 모의고사 2	월	일	☐
	Day 23	누적 총정리 모의고사 3	월	일	☐
	Day 24	누적 총정리 모의고사 4	월	일	☐
	Day 25	누적 총정리 모의고사 5	월	일	☐
	Day 26	**누적 총정리 모의고사 전체 복습**	틀린 문항 복습:	월	일

16일 완성

Unit	Day	학습 범위	학습일	
Unit 01	Day 01	시험에 진짜 나오는 문법 포인트	월	일
	Day 02	모의고사 1	월	일
		모의고사 2	월	일
Unit 02	Day 03	시험에 진짜 나오는 문법 포인트	월	일
	Day 04	모의고사 1	월	일
		모의고사 2	월	일
	Day 05	Unit 01, 02 전체 복습	월	일
Unit 03	Day 06	시험에 진짜 나오는 문법 포인트	월	일
	Day 07	모의고사 1	월	일
		모의고사 2	월	일
Unit 04	Day 08	시험에 진짜 나오는 문법 포인트	월	일
	Day 09	모의고사 1	월	일
		모의고사 2	월	일
	Day 10	Unit 03, 04 전체 복습	월	일
Unit 05	Day 11	시험에 진짜 나오는 문법 포인트	월	일
	Day 12	모의고사 1	월	일
		모의고사 2	월	일
	Day 13	Unit 05 전체 복습	월	일
누적 총정리 모의고사	Day 14	누적총정리 모의고사 1	월	일
		누적총정리 모의고사 2	월	일
	Day 15	누적총정리 모의고사 3	월	일
		누적총정리 모의고사 4	월	일
		누적총정리 모의고사 5	월	일
	Day 16	누적 총정리 모의고사 전체 복습	월	일

12일 완성

Unit	Day	학습 범위	학습일	
Unit 01	Day 01	시험에 진짜 나오는 문법 포인트	월	일
	Day 02	모의고사 1	월	일
		모의고사 2	월	일
Unit 02	Day 03	시험에 진짜 나오는 문법 포인트	월	일
	Day 04	모의고사 1	월	일
		모의고사 2	월	일
Unit 03	Day 05	시험에 진짜 나오는 문법 포인트	월	일
	Day 06	모의고사 1	월	일
		모의고사 2	월	일
Unit 04	Day 07	시험에 진짜 나오는 문법 포인트	월	일
	Day 08	모의고사 1	월	일
		모의고사 2	월	일
Unit 05	Day 09	시험에 진짜 나오는 문법 포인트	월	일
	Day 10	모의고사 1	월	일
		모의고사 2	월	일
누적 총정리 모의고사	Day 11	누적총정리 모의고사 1	월	일
		누적총정리 모의고사 2	월	일
	Day 12	누적총정리 모의고사 3	월	일
		누적총정리 모의고사 4	월	일
		누적총정리 모의고사 5	월	일

UNIT별 모의고사

UNIT 01

시제, 조동사, 수동태

UNIT 01 | 시제, 조동사, 수동태

A 시제

1 현재·과거·미래시제

a 현재시제: 현재의 상태, 반복적인 일이나 습관, 과학적 사실 등을 나타낼 때 쓴다.

My mother **works** for a bank. 〈현재의 상태〉
I **wake** up at seven every morning. 〈반복적인 일·습관〉
Whales **are** mammals. 〈과학적 사실〉

b 과거시제: 과거의 상태나 동작, 역사적 사실 등 과거 시점에 일어난 일을 나타낼 때 쓴다.

She **wrote** me a letter yesterday. 〈과거의 동작〉
Vincent van Gogh **was** born in 1853. 〈역사적 사실〉

c 미래시제: 「will + 동사원형」은 미래에 대한 예측, 주어의 의지 및 즉흥적으로 결정한 일을 나타낼 때 쓴다. 「be going to + 동사원형」은 미래에 대한 예측, 이미 정해진 미래의 계획 등을 나타낼 때 쓴다.

I'm tired. I **will** go to bed early tonight.
I**'m going to** marry Toby in November.

2 진행형

a 현재진행형: 「be동사의 현재형 + v-ing」의 형태로 현재 진행중인 일, 최근에 일어나고 있는 일, 가까운 미래에 일어날 일 등을 나타낼 때 쓴다.

Let's stay home. It **is raining** now. 〈현재 진행중인 일〉
I **am visiting** my grandparents this Saturday. 〈가까운 미래의 일〉

b 과거진행형: 「be동사의 과거형 + v-ing」의 형태로 과거의 어떤 특정 시점에 진행되고 있던 일을 나타낼 때 쓴다.

I **was watching** a drama when you called.
They **were talking** about summer vacation.

3 현재완료

a 현재완료: 「have[has] v-ed」의 형태로 과거에 시작된 일이 현재에도 영향을 미치는 상태를 나타낼 때 쓴다.

I **have read** his novels before. 〈경험: ~해 본 적이 있다〉
↳ ever, never, before, once 등과 함께 자주 쓰인다.

Have you **heard** about the problem? 〈경험〉
↳ 의문문은 have[has]와 주어의 자리를 바꿔서 만든다.

They **have worked** here since 2005. 〈계속: (지금까지) ~해 오고 있다〉
↳ since, for 등과 함께 자주 쓰인다.

She **has not eaten** meat for three years. 〈계속〉
↳ 부정문은 have[has] 뒤에 not이나 never를 써서 만든다.

The movie **has** just **finished**. 〈완료: 이미[아직/막] ~했다〉
↳ already, yet, just 등과 함께 자주 쓰인다.

Ted **has gone** to Spain to learn Spanish. 〈결과: ~해 버렸다〉

· 내신 빈출 문법

미래를 나타내는 현재시제·현재진행형
현재시제나 현재진행형으로도 가까운 미래의 확정된 일정이나 계획을 표현할 수 있다.

Exams **start** in a week.
시험은 일주일 뒤에 시작한다.
He **is leaving** for Paris tomorrow.
그는 내일 파리로 떠날 것이다.

진행형으로 쓰지 않는 동사
want, hate, like, own, have(가지다) 등 〈감정〉이나 〈소유〉를 나타내는 동사는 진행형으로 쓰지 않는다. 단, have가 '먹다'라는 〈동작〉의 의미일 때는 진행형으로 쓸 수 있다.

I **am having** lunch now. 〈동작〉
I **have** a cat. 〈소유〉
[I am having a cat.]

---

for와 since
현재완료 〈계속〉과 주로 함께 쓰이는 「for + 기간」은 '~동안'의 의미를 나타내고 「since + 시점」은 '~이래로'의 의미를 나타낸다.

· 내신 빈출 문법

have been to vs. have gone to
have been to는 '~에 가본 적이 있다'는 〈경험〉을, have gone to는 '~에 가버렸다'는 〈결과〉를 나타낸다.

She **has been to** Japan. 〈경험〉
그녀는 일본에 가본 적이 있다.
She **has gone to** Japan. 〈결과〉
그녀는 일본에 가버렸다. (지금 여기에 없음)

---

b 과거시제 vs. 현재완료: 과거시제는 단순히 과거의 일만을 나타내는 반면, 현재완료는 과거에 시작된 일이 현재에도 계속 영향을 미칠 때 사용한다.

I **lost** my wallet yesterday. (현재에 지갑을 찾았는지는 알 수 없음)
I **have lost** my wallet. (현재까지 지갑을 잃어버린 상태임)
[I have lost my wallet yesterday.]

↳ 현재완료는 명백히 과거를 나타내는 표현(yesterday, last ~, ~ ago 등)과 함께 쓸 수 없다.

4 시제 일치

a 주절이 현재시제인 경우: 종속절에는 모든 시제를 쓸 수 있다.

I **think** that she **is[was/will be]** busy.
　주절　　　　　　종속절

b 주절이 과거시제인 경우: 종속절에는 과거시제나 과거완료만 쓸 수 있다.

I **thought** that I **left[had left]** my key at the café.

c 시제 일치의 예외: 과학적 사실, 변하지 않는 사실, 속담 등은 주절의 시제와 관계없이 종속절에 항상 현재시제를 쓴다. 또한 과거의 상황이나 행동이 현재에도 지속되는 경우, 주절이 과거시제이더라도 종속절에 현재시제를 쓸 수 있다. 과거의 역사적 사실은 주절의 시제와 상관없이 항상 과거시제를 사용한다.

My teacher **said** that water **boils** at 100 ℃. 〈과학적 사실〉
　　　　주절　　　　　　　종속절
John **said** that he **is** Canadian. 〈현재의 사실〉
　　　주절　　　　종속절
I **learned** that the Korean War **broke** out in 1950. 〈역사적 사실〉
　　주절　　　　　　　　종속절

시제 일치
종속절의 시제를 주절의 시제에 일치시키는 것을 시제 일치라고 한다.

Ⓑ 조동사

1 can

a 능력·가능: ~할 수 있다 (= **be able to**)

Mechanics **can** fix a variety of machines.
I **will be able to** attend the next meeting.

↳ 조동사 can은 미래형이 없으므로 will be able to로 쓴다.

[I will can attend the next meeting.]

b 요청: ~해 주시겠어요?

Can you do me a favor?
Could you pass me the salt?

↳ 조동사 can의 과거형 could를 쓰면 더 공손한 표현이 된다.

c 허가: ~해도 된다

You **can** leave the office at 6 o'clock.
Can I use your computer? – Yes, you **can**. / No, you **can't**.

조동사의 특징
조동사는 일반적으로 주어의 수와 인칭에 따라 형태가 변하지 않는다. 조동사 뒤에는 항상 동사원형을 쓰며, 두 개의 조동사를 연달아 쓸 수 없다.

조동사의 부정문과 의문문
조동사의 부정문은 조동사 뒤에 not을 써서 만들고, 의문문은 「(의문사) + 조동사 + 주어 + 동사원형 ~?」의 형태로 쓴다.

2 may

a 허가: ~해도 좋다 (= can)

He **may** stay here tonight.
May I borrow your bag? – Yes, you **may**. / No, you **may not**.

b 약한 추측: ~일지도 모른다

She **may** be in her office.
I **might** be a little late.
↳ 조동사 may의 과거형 might는 may보다 더 불확실한 추측을 나타낸다.

3 must

a 필요·의무: ~해야 한다 (= have to)

I **must** finish this work by Friday.
We **had to** clean the bathroom after school.
You **will have to** wait until he comes.
↳ 조동사 must는 과거형이나 미래형이 없으므로 각각 had to, will have to로 쓴다.

b 강한 추측: ~임에 틀림없다

Jay hasn't eaten all day. He **must** be hungry.
cf. He **cannot** be James. James is in Tokyo.
↳ '~이 아닌 게 틀림없다, ~일 리가 없다'라는 의미의 강한 부정적 추측은
must not이 아닌 cannot[can't]으로 나타낸다.

4 should

a 가벼운 의무·충고: ~해야 한다, ~하는 것이 좋다

You look tired. You **should** get some rest.
We **should** help people in trouble.

5 그 외 다양한 조동사 표현

a would like to + 동사원형: ~하고 싶다

Would you **like to** have a barbeque?

b had better + 동사원형: ~하는 게 좋겠다 〈강한 어조의 충고〉

It's late. You **had better** go now.

c used to + 동사원형: ~하곤 했다 (= would) 〈과거의 습관〉, ~이었다 〈과거의 상태〉

My father **used to** (= **would**) jog every morning. 〈과거의 습관〉
There **used to** be a statue of a loyal dog here. 〈과거의 상태〉
[~~There would be a statue of a loyal dog here.~~]
↳ would는 과거의 상태를 나타낼 수는 없다.

• 내신 빈출 문법

must와 have to의 부정형
must와 have to의 부정형은 각각 다른 의미를 갖고 있다. must의 부정형 must not은 '~하면 안 된다'라는 〈금지〉를 나타내고, have to의 부정형 don't[doesn't] have to는 '~할 필요 없다'라는 〈불필요〉를 나타낸다.

You **must not** wear a hat here.
여기서 모자를 써서는 안 된다. 〈금지〉
You **don't have to** wear a hat here.
여기서 모자를 쓸 필요가 없다. 〈불필요〉

---

had better의 부정형
「had better not + 동사원형」의 형태로 쓴다.

You **had better not** go now.

C 수동태

1 수동태 문장 만드는 방법

능동태 문장의 목적어가 수동태 문장의 주어가 되고, 능동태 문장의 주어는
「by + 목적격」의 형태로 바뀌어 수동태 문장에서 행위자를 나타낸다. 능동태 문장의 동사는
「be동사 + v-ed」의 형태로 바꾸어 쓴다.

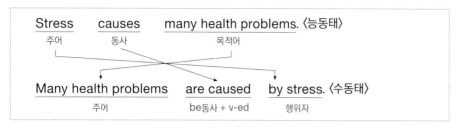

능동태와 수동태
동사의 동작을 행하는 행위자에 대해 말할 경우 능동태를, 동사의 동작을 받거나 당하는 대상에 대해 말할 때는 수동태를 쓴다.

2 수동태의 시제

수동태 문장은 「주어 + be동사 + v-ed + (by + 행위자)」의 형태이고, 「be동사 + v-ed」의 형태에 따라 수동태의 시제가 결정된다.

a 현재시제 / 과거시제 수동태: be동사의 현재형 / 과거형 + v-ed

This storybook **is loved** by lots of children.
My glasses **were broken** by my brother.

b 미래시제 수동태: will be v-ed

Textbooks **will be given** to students in July.

c 진행시제 수동태: be being v-ed

The movie **is being filmed** in Finland.

d 현재완료 수동태: have[has] been v-ed

The date of the festival **has been changed**.

수동태의 부정문과 의문문
수동태의 부정문은 be동사 뒤에 not을 써서 만들고, 의문문은 주어와 be동사의 위치를 바꿔 만든다.

My computer **is** *not* **fixed** yet.
Were these cupcakes **made** by Maria?

수동태의 행위자
「by + 목적격」으로 쓰며, 행위자가 중요하지 않거나 불명확할 때는 행위자를 생략한다.

3 목적어가 두 개인 문장의 수동태

a 4형식 문장의 수동태: 4형식의 능동태 문장은 목적어가 두 개이므로 각각을 주어로 한 두 개의 수동태 문장을 만들 수 있다.

Ted gave me a concert ticket.
　　　　　간접목적어　　직접목적어

→ I **was given** a concert ticket by Ted.
→ A concert ticket **was given** *to* me by Ted.
　↳ 직접목적어를 주어로 한 수동태의 경우,
　　간접목적어 앞에 전치사를 쓴다.

b 직접목적어만 주어로 쓸 수 있는 동사: make, buy, get 등의 동사는 간접목적어를 주어로 하는 수동태를 잘 쓰지 않는다.

My dad **bought** me a pretty doll.
　　　　　　간접목적어　직접목적어

→ ~~I was bought a pretty doll by my dad.~~
→ A pretty doll **was bought** *for* me by my dad.

간접목적어 앞의 전치사
대부분의 동사는 전치사 to를, make, buy, get 등은 for를, ask는 of를 쓴다.

4 목적격보어가 있는 문장의 수동태

a 5형식의 문장의 수동태: 목적어가 주어가 되고 목적격보어는 「be동사 + v-ed」 뒤에 그대로 쓴다.

Her parents call <u>her</u> *sweetheart*.
　　　　　　　　목적어　　목적격보어

→ She **is called** *sweetheart* by her parents.

Mr. Brown asked me *to bring* the book.
→ I **was asked** *to bring* the book by Mr. Brown.

b 지각동사의 수동태: 지각동사의 목적격보어로 쓰인 동사원형은 수동태 문장에서 to부정사 형태로 쓴다. 지각동사의 목적격보어가 현재분사인 경우에는 그대로 둔다.

She *saw* a man **walk**[**walking**] into the supermarket.
→ A man **was seen** *to walk*[*walking*] into the supermarket by her.

c 사역동사의 수동태: 사역동사 중 make만 수동태로 쓸 수 있으며, 이때 목적격보어인 동사원형은 수동태 문장에서 to부정사로 바뀐다.

Dad *made* me **finish** my homework.
→ I **was made** *to finish* my homework by Dad.

5 다양한 수동태 표현들

a 조동사가 쓰인 수동태: 조동사 + be v-ed

Nature **must be protected** by humans.
One hundred cars **can be produced** in an hour.
Our decision **should be made** as soon as possible.

b 동사구의 수동태: 동사구를 수동태로 쓸 때는 하나의 동사로 생각한다.

My grandparents **took care of** me.
→ I **was taken care of** by my grandparents.

c by 이외의 전치사를 쓰는 수동태: 수동태의 행위자를 나타낼 때 주로 전치사 by를 쓰지만, by 이외의 전치사를 쓰는 경우도 있다.

This bat is made **of** wood. → 물리적 변화가 일어나는 경우는 of,
　　　　　　　　　　　　　　　화학적 변화가 일어나는 경우는 from을 쓴다.
Soy sauce is made **from** soy beans.
I am worried **about** my exam score.
The room was crowded **with** visitors.

be made of[from]: ~으로 만들어지다	be surprised at: ~에 놀라다
be known as: ~으로 알려져 있다	be satisfied with: ~에 만족하다
be known for: ~으로 유명하다	be filled with: ~으로 가득 차다
be known to: ~에게 알려져 있다	be worried about: ~에 대해 걱정하다
be crowded with: ~으로 붐비다	be concerned about: ~에 대해 걱정하다
be interested in: ~에 관심이 있다	be disappointed with[in/at]: ~에 실망하다
be covered with[in]: ~으로 덮여있다	be pleased with[about]: ~에 기뻐하다

동사구
두 개 이상의 단어가 모여 하나의 동사 역할을 하는 것을 동사구라고 한다.

laugh at: ~을 비웃다
ask for: ~을 요구하다
run over: (차가) ~을 치다
look up to: ~을 존경하다
take care of (= look after):
~을 돌보다

01 기출응용 서울 00중 2학년

다음 밑줄 친 부분의 의미가 나머지와 다른 것은?

① Brian may be late for class.
② We may travel to Italy next year.
③ You may go to the concert.
④ She may not know your phone number.
⑤ He may be studying in the library.

02 기출응용 서울 00중 2학년

다음 주어진 문장의 밑줄 친 부분과 의미가 같은 것은?

> She must be Amy's sister. They look alike.

① I must get home before dinner.
② They must finish the work today.
③ You must turn off the air conditioner before leaving.
④ Mom must be angry at us.
⑤ We must drive slowly in a school zone.

03

다음 밑줄 친 부분이 어법상 옳지 않은 것은?

① Water froze at 0 ℃.
② She read eight books last month.
③ I met Daisy at the café yesterday.
④ He exercises at the gym these days.
⑤ We visited Japan two years ago.

04 기출응용 대전 00중 2학년

다음 밑줄 친 부분의 우리말 해석이 옳지 않은 것은?

① She cannot be his girlfriend.
　　~일 리가 없다
② You must come home before 11 p.m.
　　와야 한다
③ He had to do his homework before dinner.
　　해야 했다
④ We must not cross the road when the light is red.
　　건너서는 안 된다
⑤ You don't have to wear a suit.
　　입지 말아야 한다

05

다음 주어진 우리말을 영어로 바르게 옮긴 것은?

> 나는 목성이 지구보다 크다는 것을 배웠다.

① I learn that Jupiter is bigger than Earth.
② I learn that Jupiter was bigger than Earth.
③ I learned that Jupiter is bigger than Earth.
④ I learn that Jupiter had been bigger than Earth.
⑤ I learned that Jupiter has been bigger than Earth.

06

다음 중 어법상 옳지 않은 것끼리 바르게 짝지어진 것은?

> a. Should I get a haircut?
> b. You will can use the service soon.
> c. There used to being a tall building.
> d. You may not enter this building.

① a, b　　　② a, c　　　③ a, d
④ b, c　　　⑤ c, d

07

다음 빈칸에 들어갈 말로 알맞지 <u>않은</u> 것은?

> She is _____ an apple pie.

① holding   ② making
③ serving   ④ buying
⑤ liking

08

다음 괄호 안에 들어갈 말로 바르게 짝지어진 것은?

> (A) This picture [is / was] taken two years ago.
> (B) He was seen [drive / to drive] his dad's car.
> (C) She will [be / is] punished by her parents.

	(A)		(B)		(C)
①	is	–	drive	–	be
②	is	–	to drive	–	is
③	was	–	drive	–	be
④	was	–	to drive	–	be
⑤	was	–	to drive	–	is

09 통합유형

다음 중 make를 활용하여 빈칸을 채울 때, 빈칸에 들어갈 말이 나머지와 <u>다른</u> 것은?

① I'm _____ a cup of tea.
② This book was _____ for children.
③ Adam is _____ a chair in the garage.
④ Was he _____ an omelet in the kitchen?
⑤ Tommy is _____ up an excuse right now.

10

다음 중 어법상 옳은 것끼리 바르게 짝지어진 것은?

> a. I am wanting a new pair of shoes.
> b. I was reading a book in the library.
> c. Ben watches the 8 o'clock news every day.
> d. Teresa, did you ever tried Turkish food before?
> e. Your favorite TV show starts in 5 minutes.

① a, b, c   ② a, b, d   ③ b, c, e
④ b, d, e   ⑤ c, d, e

11

다음 중 어법상 옳지 <u>않은</u> 것은?

① I was surprised at the news.
② The roofs are covered with snow.
③ She was satisfied with their service.
④ This place is known to many tourists.
⑤ The concert hall was filled by a lot of fans.

12 기출응용 서울 00중 2학년

다음 주어진 문장의 밑줄 친 부분과 쓰임이 같은 것은?

> I <u>have been</u> to Chicago before.

① <u>Have</u> you ever <u>seen</u> this movie?
② He <u>has played</u> football for 10 years.
③ She <u>has</u> already <u>left</u> her house.
④ Chen <u>has gone</u> to his grandparents' house.
⑤ The employees <u>have worked</u> here since 2018.

13

다음 능동태 문장을 수동태 문장으로 바꾼 것 중 옳지 <u>않은</u> 것은?

① The workers will build a house.
　→ A house will be built by the workers.
② My mom made me do the dishes.
　→ I was made to do the dishes by my mom.
③ The thief stole her bag.
　→ Her bag was stolen by the thief.
④ She sent you a package.
　→ A package was sent to you by her.
⑤ John heard the woman talk on the phone.
　→ The woman was heard talk on the phone by John.

14 기출응용 서울 00중 2학년

a. Mary is _____ lunch with her friend now.
b. He _____ had breakfast already.

① having　–　have
② had　–　has
③ having　–　has
④ had　–　have
⑤ having　–　having

15

a. _____ you lend me your laptop?
b. She will _____ take a vacation in July.

① Can　–　must
② Can　–　be able to
③ Must　–　have to
④ Must　–　be going to
⑤ Should　–　can

16 통합유형

a. He has never _____ the National Museum.
b. I was told _____ sugar by my doctor.

① visits　–　avoid
② visiting　–　avoiding
③ visited　–　to avoid
④ visiting　–　to avoid
⑤ visited　–　avoid

17

다음 우리말을 영어로 바르게 옮기지 <u>않은</u> 것은?

① 그들은 프랑스어로 노래할 수 있다.
　→ They are able to sing in French.
② Peter는 7시에 저녁을 먹곤 했다.
　→ Peter used to have dinner at seven.
③ 너는 손을 씻는 것이 좋겠다.
　→ You had better wash your hands.
④ Jake가 콘테스트의 우승자일 리가 없다.
　→ Jake must not be the winner of the contest.
⑤ 너는 밤에 너무 많이 먹지 않아야 한다.
　→ You should not eat too much at night.

18 통합유형 기출응용 서울 00중 2학년

다음 빈칸에 들어갈 말이 나머지와 <u>다른</u> 것은?

① A pet dog was bought _____ him.
② I have lived in Seoul _____ a month.
③ A box of chocolates was given _____ me.
④ Mr. Park has worked here _____ five years.
⑤ We have known each other _____ a long time.

19 통합유형

다음 밑줄 친 부분이 어법상 옳지 않은 것을 모두 고르시오. (2개)

① She had better <u>not go</u> out tonight.
② He claimed that the earth <u>is</u> round.
③ Tom believed that he <u>finds</u> a new planet.
④ You have to know that you <u>made</u> a mistake.
⑤ There <u>would</u> be a big temple here.

20 통합유형

다음 빈칸에 공통으로 들어갈 말로 알맞은 것은?

> a. The driver was seen _____ a deer.
> b. I would like _____ a home run in today's game.

① hit   ② hits   ③ will hit
④ to hit   ⑤ hitting

서 · 술 · 형

21

다음 우리말과 일치하도록 주어진 단어를 바르게 배열하여 문장을 완성하시오.

1) 그 소문은 마을 사람들에 의해 퍼질 것이다.
　(will, by, the rumor, spread, the villagers, be)
　→ _____

2) 그 피자는 한 시간 내에 배달되어야 한다.
　(delivered, must, in, the pizza, be, an hour)
　→ _____

22

다음 빈칸에 알맞은 말을 써서 대화를 완성하시오.

> A: Have you ever 1) _____ to Singapore?
> B: Yes, I 2) _____ . I went there two years ago.
> A: What 3) _____ you do there?
> B: I visited Universal Studios with my family.

23

다음 수동태 문장을 능동태 문장으로 바꿔 쓰시오.

1) I was made to clean the windows by my sister.
　→ _____

2) A new toy was given to my cat by me.
　→ _____

24

다음 주어진 단어를 활용하여 빈칸에 알맞은 말을 쓰시오.

1) Q: What is Donna doing now?
　A: She _____ _____ to music. (listen)

2) A: I feel really bad. I need to get some rest.
　B: You _____ _____ see a doctor.
　(better)

25 통합유형

다음 대화에서 어법상 옳지 <u>않은</u> 것을 모두 찾아 바르게 고치시오.

> A: I'm Detective Miller. I'd like to asking you some questions. What are you doing at 8 p.m. last night?
> B: I was having dinner with my friend Fred.
> A: Where is he now?
> B: He may be at his office. He was asked finish his project today by his boss.

[01-02] 다음 빈칸에 들어갈 말로 알맞은 것을 고르시오.

01

> She _____ to Jeju-do three times.

① was
② is
③ have been
④ has been
⑤ will be

02

> The parcel will _____ by tomorrow.

① deliver
② delivers
③ delivering
④ delivered
⑤ be delivered

03

다음 주어진 우리말을 영어로 바르게 옮긴 것은?

> 당신은 길에 쓰레기를 버리면 안 됩니다.

① You must throw trash on the street.
② You can throw trash on the street.
③ You had better throw trash on the street.
④ You must not throw trash on the street.
⑤ You don't have to throw trash on the street.

04

다음 빈칸에 들어갈 말로 알맞지 않은 것은?

> They believed that _____.

① the war was over
② he won the game
③ she will be back soon
④ they had found the solution
⑤ the sun is bigger than the earth

05

다음 능동태 문장을 수동태 문장으로 바르게 고친 것은?

> He named his dog Alpha.

① Alpha was named his dog by him.
② He was named Alpha by his dog.
③ Alpha was named him by his dog.
④ His dog was named Alpha by him.
⑤ His dog was named to Alpha by him.

06

다음 중 밑줄 친 부분을 생략하는 것이 자연스러운 것은?

① The singer is surrounded by his fans.
② This character is loved by young children.
③ My bag was stolen on the train by someone.
④ The Eiffel Tower was designed by Gustave Eiffel.
⑤ In the book *The Jungle Book*, Mowgli was raised by wolves.

07

다음 빈칸에 들어갈 말로 바르게 짝지어진 것은?

> a. He _____ as the manager of the store from 2007 to 2009.
>
> b. How long have you _____ in LA?

① work – live
② works – lives
③ works – lived
④ worked – lived
⑤ worked – living

08 기출응용 광주 00중 2학년

다음 밑줄 친 부분의 쓰임이 나머지와 다른 것은?

① I have known Nick since high school.
② They have lived here for five years.
③ He has studied at home for one hour.
④ Have you ever played the violin?
⑤ How long have you been in this country?

09 기출응용 서울 00중 2학년

다음 밑줄 친 우리말을 영어로 바르게 옮긴 것은?

> Q: Have you ever tried sushi before?
> A: No. 나는 그것을 한 번도 먹어본 적이 없어.

① I will never try it.
② I have tried it not.
③ I have tried never.
④ I have tried it before.
⑤ I have never tried it.

10

다음 짝지어진 두 문장의 의미가 같지 <u>않은</u> 것은?

① They used to spend time together occasionally.
   They would spend time together occasionally.
② She must bring her partner to the party.
   She has to bring her partner to the party.
③ Are you able to speak three languages?
   Can you speak three languages?
④ Her story cannot be true.
   Her story doesn't have to be true.
⑤ Can I have one of these cookies?
   May I have one of these cookies?

[11-12] 다음 중 어법상 옳은 것끼리 바르게 짝지어진 것을 고르시오.

11 기출응용 서울 00중 2학년

> a. His book was reading by many people.
> b. This sweater made by my mother.
> c. The window was not broken by Tom.
> d. French is spoken in many countries.

① a, b   ② a, c   ③ a, d
④ b, c   ⑤ c, d

12 통합유형

> a. I was having a cup of coffee.
> b. This park was made to the public.
> c. The book said that the tower was built in the 1900s.
> d. These flowers were bought by she.

① a, b   ② a, c   ③ b, c
④ b, d   ⑤ c, d

13

(A) The box was covered [of / with] dust.
(B) These crayons are made [in / from] oil.
(C) The writer is known [by / for] her short stories.

	(A)		(B)		(C)
①	of	–	in	–	by
②	of	–	in	–	for
③	with	–	from	–	by
④	with	–	from	–	for
⑤	with	–	in	–	for

14 통합유형

(A) You [must not / don't have to] drive without a driver's license.
(B) My favorite café [would / used to] be on the corner.
(C) Beethoven [wrote / has written] the *Moonlight Sonata* between 1800 and 1801.

	(A)		(B)		(C)
①	must not	–	would	–	wrote
②	must not	–	used to	–	has written
③	must not	–	used to	–	wrote
④	don't have to	–	would	–	has written
⑤	don't have to	–	used to	–	wrote

15

다음 중 빈칸에 들어갈 말이 나머지와 다른 것은?

① This letter was sent _____ me by Jake.
② The photos were shown _____ me by her.
③ Presents will be given _____ them tomorrow.
④ This doll was made _____ my baby by me.
⑤ Awards will be presented _____ the top three in each group.

16

다음 중 어법상 옳지 않은 것은?

① I have been to China twice.
② The baby has just woken up.
③ They have already had dinner.
④ She has lost her purse yesterday.
⑤ Have you ever thought about moving abroad?

17 통합유형

다음 중 어법상 옳은 문장의 개수는?

a. Could you please close the door?
b. Jackson was made clean the yard.
c. I'm going to Vietnam next week.
d. They were living in Busan in those days.

① 0개 ② 1개 ③ 2개 ④ 3개 ⑤ 4개

18

다음 빈칸에 공통으로 들어갈 말로 알맞은 것은?

a. Professor, _____ I ask you a question?
b. She is in trouble. She _____ need some help.

① will ② may
③ has to ④ had better
⑤ can't

19 통합유형

다음 중 빈칸에 쓰이지 <u>않는</u> 것은?

a. My dog was looked _____ by my sister.
b. I used _____ play soccer every Sunday.
c. This table is made _____ hard wood.
d. I was satisfied _____ their performance.

① of   ② to   ③ in

④ after   ⑤ with

20 통합유형

다음 밑줄 친 부분이 어법상 옳지 <u>않은</u> 것을 모두 고르시오. (2개)

① I have never <u>been to</u> Europe.

② You <u>had not better eat</u> too much at night.

③ My best friend <u>has gone to</u> Canada two years ago.

④ The musical is <u>being performed</u> now.

⑤ We <u>are</u> seriously <u>concerned about</u> air pollution.

서 · 술 · 형

21

다음 빈칸에 알맞은 말을 써서 대화를 완성하시오.

A: Why 1) _____ you answer my call yesterday?
B: I 2) _____ sleeping at that time. Why 3) _____ you call me?
A: I 4) _____ had something to tell you since last week.

[22-23] 다음 글을 읽고 아래 질문에 답하시오.

I built a treehouse. I made a roof with some boards. But rain came through the roof. 나에 의해 더 많은 판자가 그곳에 덧대어졌다.

22

위 글의 우리말과 일치하도록 주어진 단어를 바르게 배열하여 문장을 완성하시오.

(by, were, it, more, me, to, boards, added)

→ _____

23 기출응용 서울 00중 2학년

22번의 완성된 문장을 같은 의미의 능동태 문장으로 바꿔 쓰시오.

→ _____

24

다음 주어진 단어를 활용하여 대화를 완성하시오.

1) (eat, not)

A: Are you hungry?
B: Yes, I'm starving. I _____ _____ anything since this morning.

2) (go)

A: Have you ever been to Gyeongju?
B: Yes, I have. I _____ there on a school trip last year.

25

다음 밑줄 친 부분이 어법상 옳으면 O, 틀리면 X 표시하고 바르게 고쳐 쓰시오.

1) The street <u>was crowded by</u> tourists. (   )

2) Every Sunday, I <u>would go</u> on a bike ride. (   )

3) He woke up late, so he <u>might was</u> late. (   )

4) My grandfather <u>is owning</u> five buildings. (   )

UNIT 01 시제, 조동사, 수동태

학습 확인표

모의고사 1회		
번호	문항별 출제 포인트	O/X/△
1	조동사 may	
2	조동사 must	
3	현재시제 / 과거시제	
4	조동사	
5	시제 일치	
6	조동사	
7	진행형으로 쓰지 않는 동사	
8	수동태의 시제 / 5형식 문장의 수동태	
9	진행형 / 수동태	
10	시제	
11	by 이외의 전치사를 쓰는 수동태	
12	현재완료	
13	수동태	
14	현재진행형 / 현재완료	
15	조동사	
16	현재완료 / 5형식 문장의 수동태	
17	조동사	
18	4형식 문장의 수동태 / 현재완료	
19	조동사 / 시제 일치	
20	지각동사의 수동태 / 조동사 would like to	
21	미래시제 수동태 / 조동사가 쓰인 수동태	
22	현재완료 / 과거시제	
23	사역동사의 수동태 / 4형식 문장의 수동태	
24	현재진행형 / 조동사 had better	
25	조동사 / 과거진행형 / 5형식 문장의 수동태	

모의고사 2회		
번호	문항별 출제 포인트	O/X/△
1	현재완료	
2	미래시제 수동태	
3	조동사 must	
4	시제 일치	
5	5형식 문장의 수동태	
6	수동태의 행위자	
7	과거시제 / 현재완료	
8	현재완료	
9	현재완료	
10	조동사	
11	수동태	
12	진행형 / 수동태 / 시제 일치	
13	by 이외의 전치사를 쓰는 수동태	
14	조동사 / 과거시제	
15	4형식 문장의 수동태	
16	현재완료	
17	조동사 / 사역동사의 수동태 / 미래시제를 나타내는 현재진행형 / 과거진행형	
18	조동사	
19	동사구의 수동태 / 조동사 used to / by 이외의 전치사를 쓰는 수동태	
20	현재완료 / 조동사 had better / 진행시제 수동태 / by 이외의 전치사를 쓰는 수동태	
21	과거시제 / 과거진행형 / 현재완료	
22	수동태	
23	능동태와 수동태	
24	현재완료 / 과거시제	
25	by 이외의 전치사를 쓰는 수동태 / 조동사 / 진행형으로 쓰지 않는 동사	

No great man ever complains of want of opportunity.
위대한 사람은 기회가 없다고 원망하지 않는다.

- Ralph Waldo Emerson -

UNIT 02

to부정사, 동명사

UNIT 02 | to부정사, 동명사

A to부정사

1 to부정사의 명사적 용법

a 주어 역할: 문장에서 주어로 쓰인다. to부정사 주어가 길어지는 경우 to부정사(구)를 뒤로 보내고, 그 자리에 가주어 it을 쓴다. 주어로 쓰인 to부정사(구)는 단수 취급한다.

To write in my diary every day *is* my goal.
It is my goal **to write** in my diary every day.
　가주어　　　　　　　　진주어

b 목적어 역할: 문장에서 동사의 목적어로 쓰인다. to부정사 목적어가 길어지는 경우 to부정사(구)를 뒤로 보내고, 그 자리에 가목적어 it을 쓴다.

I plan **to go** fishing this Sunday.
We find **it** hard **to believe** him.
　　　　가목적어　　　진목적어
I decided **not to go** to Japan.
↳ to부정사의 부정형은 to부정사 앞에 not과 같은 부정어를 붙여서 만든다.

c 보어 역할: 문장에서 주격보어 또는 목적격보어로 쓰인다.

Our aim is **to help** poor people. 〈주격보어〉
I asked *him* **to clean** the kitchen. 〈목적격보어〉

d 의문사 + to부정사: 「의문사 + to부정사」 형태로 문장에서 주어, 목적어, 보어로 쓰인다. 「의문사 + 주어 + should[can] + 동사원형」으로 바꿔 쓸 수 있다.

Dad, please tell me **when to turn off** the gas range.
(= Dad, please tell me **when I should turn off** the gas range.)

2 to부정사의 형용사적 용법

형용사적 용법으로 쓰인 to부정사는 (대)명사를 뒤에서 꾸며준다.

I don't have *time* **to exercise**.

3 to부정사의 부사적 용법

문장에서 부사 역할을 하며, 〈목적〉, 〈결과〉, 〈조건〉을 나타내거나 형용사를 수식하여 〈감정의 원인〉이나 〈판단의 근거〉 등을 나타낸다.
↳ 〈목적〉을 나타내는 to부정사는 in order to-v로 바꿔쓸 수 있다.
I had to run fast **to catch** (= in order to catch) the bus. 〈목적: ~하기 위해서〉

He grew up **to be** the president. 〈결과: ~해서 (결국) …되다〉
To see her, you wouldn't believe she is only seven years old. 〈조건: ~한다면〉
I was *surprised* **to see** him on the street. 〈감정의 원인: ~해서〉
It's *careless* **to leave** your door unlocked. 〈판단의 근거: ~하다니〉
This water is *safe* **to drink**. 〈형용사 수식(한정)〉

4 to부정사의 의미상의 주어

to부정사가 나타내는 행위나 상태의 주체로 「for + 목적격」이나 「of + 목적격」의 형태로 나타낸다.

The movie was hard **for me** to understand.
It was *kind* **of you** to help those homeless people.
↳ to부정사 앞에 사람의 성격이나 성질에 대한 주관적 평가를 나타내는 형용사(kind, rude, polite, foolish, careless 등)가 올 경우에는 「of + 목적격」을 쓴다.

---

to부정사
「to + 동사원형」의 형태로 문장에서 명사, 형용사, 부사의 역할을 한다.

「의문사 + to부정사」의 의미
what to-v: 무엇을 ~할지
when to-v: 언제 ~할지
where to-v: 어디서 ~할지
how to-v: 어떻게 ~할지
who(m) to-v: 누구를[누구와] ~할지
cf. why to-v는 쓰지 않는다.

> **· 내신 빈출 문법**
> **to부정사와 전치사**
> 형용사적 용법으로 쓰인 to부정사의 동사가 자동사인 경우 목적어를 갖기 위해서는 전치사가 필요하다.
>
> We need more *chairs* **to sit on**.
> [We need more *chairs* ~~to sit~~.]
>
> **to부정사의 위치**
> to부정사와 형용사가 동시에 -thing, -body, -one으로 끝나는 대명사를 수식하는 경우 「대명사 + 형용사 + to부정사」의 순서로 쓴다.
>
> Do you want *something cold* **to drink**?

5 to부정사를 이용한 구문

a **too + 형용사[부사] + to-v:** ~하기에 너무 …한, 너무 …해서 ~할 수 없는

(= so + 형용사[부사] + that + 주어 + can't + 동사원형)

Sam is **too** tall **to wear** these pants.

(= Sam is **so** tall **that** he **can't wear** these pants.)

b **형용사[부사] + enough + to-v:** ~할 만큼 충분히 …한

(= so + 형용사[부사] + that + 주어 + can + 동사원형)

Jay is strong **enough to lift** that box.

(= Jay is **so** strong **that** he **can lift** that box.)

Ⓑ 동명사

동명사
「동사원형 + ing」의 형태로 문장에서 명사
의 역할을 한다.

1 동명사의 역할

문장에서 주어, 보어, 목적어로 쓰인다. 주어로 쓰인 동명사(구)는 단수 취급한다.

Winning *is* not everything. 〈주어〉

His job is **fixing** computers. 〈보어〉

Would you mind **opening** the window? 〈동사의 목적어〉

I am sorry for **not being** there for you. 〈전치사의 목적어〉
└→ 동명사의 부정형은 동명사 앞에 부정어를 붙여서 만든다.

2 동명사 관용 표현

go v-ing: ~하러 가다	be busy v-ing: ~하느라 바쁘다
upon[on] v-ing: ~하자마자	be worth v-ing: ~할 가치가 있다
feel like v-ing: ~하고 싶다	be used to v-ing: ~하는 데 익숙하다
have difficulty v-ing: ~하는 것에 어려움을 겪다	spend 돈[시간] v-ing: ~하는 데 돈[시간]을 쓰다
look forward to v-ing: ~하기를 고대하다	cannot help v-ing: ~하지 않을 수 없다
It is no use v-ing: ~해도 소용없다	be good at v-ing: ~하는 것에 능숙하다

She came to see me **upon arriving**.

I **was busy preparing** dinner for her.

This film **is worth watching** with your family.

She **is used to driving** a car.

3 동명사와 현재분사

동명사와 현재분사는 둘 다 「동사원형 + ing」로 형태가 같지만 그 역할이 다르다.

a **동명사:** 문장에서 명사처럼 쓰여 주어, 목적어, 보어 역할을 한다.

My brother's hobby is **playing** the guitar.

b **현재분사:** 문장에서 형용사처럼 쓰여 명사를 수식하거나, be동사와 함께 쓰여 진행형으로 사용된다.

The boy **playing** the guitar is my brother.

• 내신 빈출 문법
주의해야 할 관용 표현
be used to v-ing: ~하는 데 익숙하다
be used to-v: ~하는 데 사용되다
used to-v: ~하곤 했다, ~이었다

This tool **is used to fix** a car.
She **used to drive** a car.

• 내신 빈출 문법
「동명사 + 명사」 vs. 「현재분사 + 명사」
형용사처럼 쓰여 명사를 수식할 때 동명사
는 뒤에 나오는 명사의 용도나 목적을 나타
내고, 현재분사는 명사를 수식해 〈진행·능
동〉의 의미를 더해준다.

Bring your **sleeping** *bag* to camp.
(동명사: '잠을 자기 위한 가방' = 침낭)
Mr. Kim woke up the **sleeping** *boy*.
(현재분사: '잠을 자고 있는 소년')

4 동명사와 to부정사

a 동명사, to부정사 혹은 둘 다를 목적어로 쓰는 동사

동명사를 목적어로 쓰는 동사	enjoy, avoid, mind, finish, keep, give up, quit, practice, consider, suggest 등
to부정사를 목적어로 쓰는 동사	want, agree, decide, expect, hope, learn, offer, promise, refuse, seem, wish, plan 등
둘 다 목적어로 쓰는 동사	love, like, hate, start, begin, continue 등

I *enjoy* **talking** with people from different countries.
I *expected* **to get** a present for Christmas.
The man *continued* **talking[to talk]**.

동명사와 to부정사 각각을 목적어로 썼을 때 의미 차이는 거의 없다.

b 목적어의 형태에 따라 의미가 달라지는 동사

remember[forget] + 동명사	(과거에) ~했던 것을 기억하다[잊다]
remember[forget] + to부정사	(앞으로) ~할 것을 기억하다[잊다]
try + 동명사	시험삼아 ~해 보다
try + to부정사	~하려고 애쓰다[노력하다]
regret + 동명사	(과거에) ~했던 것을 후회하다
regret + to부정사	(현재·미래에) ~하게 되어 유감이다

I will never *forget* **meeting** her for the first time.
I *forgot* **to lock** the door.
I *tried* **living** in America for a while.
Grace *tried* **to become** a doctor.
I don't *regret* **moving** to Paris.
I deeply *regret* **to inform** you of this bad news.

cf. **stop** + 동명사: ~하는 것을 멈추다
stop + to부정사: ~하기 위해 멈추다
〈to부정사의 부사적 용법(목적)〉

Stop **asking** so many questions!
Sam *stopped* **to ask** for directions.

[01-02] 다음 빈칸에 들어갈 말로 알맞은 것을 고르시오.

01

Terry enjoyed the freedom of _____ a motorcycle.

① rode   ② ride
③ rides   ④ riding
⑤ to ride

02

They agreed _____ a new refrigerator.

① buy   ② buys
③ buying   ④ to buy
⑤ bought

03 기출응용 파주 00중 2학년

다음 주어진 문장의 밑줄 친 부분과 쓰임이 같은 것은?

I have nothing to wear.

① Her dream is to be a writer.
② It will be interesting to live abroad.
③ He went to Busan to meet his friend.
④ We decided to go skiing for the holidays.
⑤ I didn't have time to chat with my colleagues.

04

다음 빈칸에 들어갈 말로 알맞지 않은 것은?

He _____ to grow a beard.

① decided   ② considered
③ planned   ④ wanted
⑤ promised

05

다음 주어진 문장과 의미가 같은 것은?

The weather is so bad that we can't play outside.

① The weather is bad to play outside.
② The weather is too bad to play outside.
③ The weather is bad enough to play outside.
④ The weather is bad in order to play outside.
⑤ The weather is bad so that we can play outside.

06

다음 주어진 문장의 밑줄 친 부분과 쓰임이 같은 것의 개수는?

My sister is studying hard to become a professor.

a. I want something to eat.
b. He started to bake some cookies.
c. Tom cleaned the house to make his mother happy.
d. My goal is to be a movie director.
e. It is interesting to learn foreign languages.
f. They went to the clothes store to buy a scarf.

① 1개   ② 2개   ③ 3개   ④ 4개   ⑤ 5개

07

다음 빈칸에 공통으로 들어갈 말로 알맞은 것은?

> a. Jason is a good person to talk _____.
> b. I need a pen to write _____.

① to ② of ③ by
④ with ⑤ on

08 기출응용 안양 00중 2학년

다음 밑줄 친 부분의 역할이 나머지와 다른 것은?

① I am really sorry to hear that.
② It was fun to play with the puppies.
③ It is not easy to take care of a baby.
④ Where did you learn to speak French?
⑤ My dream is to travel all over the world.

09

다음 빈칸에 공통으로 들어갈 말로 알맞지 않은 것은?

> a. I didn't _____ to play the piano.
> b. Did he _____ learning Chinese?

① like ② try ③ hope
④ start ⑤ continue

[10-11] 다음 밑줄 친 부분의 쓰임이 나머지와 다른 것을 고르시오.

10

① It is kind of you to help him.
② It will be sunny this weekend.
③ It was hard to climb the mountain.
④ It is important to eat healthy food.
⑤ It wouldn't be easy to live without cell phones.

11

① Stop bothering me!
② Do you like taking pictures?
③ I practiced dancing for three hours.
④ That girl sitting on the bench is Allie.
⑤ She is afraid of being alone in the dark.

12

다음 괄호 안에 들어갈 말로 바르게 짝지어진 것은?

> (A) Dad quit [smoking / to smoke] 20 years ago.
> (B) We expected [seeing / to see] shooting stars.
> (C) It is no use [talk / talking] to him. He doesn't listen.

	(A)	(B)	(C)
①	smoking	– seeing	– talk
②	smoking	– to see	– talking
③	smoking	– to see	– talk
④	to smoke	– to see	– talking
⑤	to smoke	– seeing	– talk

13 통합유형

다음 중 우리말 해석이 옳지 않은 것은?

① I am used to eating spicy food.
→ 나는 매운 음식을 먹곤 했다.
② Rubber trees are used to make rubber.
→ 고무 나무는 고무를 만드는 데 사용된다.
③ Upon hearing the news, Chloe's face turned pale.
→ 그 소식을 듣자마자, Chloe의 얼굴은 창백하게 변했다.
④ This parking lot is big enough to park 200 cars in.
→ 이 주차장은 200대의 차를 주차할 만큼 충분히 크다.
⑤ My grandmother has difficulty reading small letters.
→ 우리 할머니는 작은 글씨를 읽는 데 어려움을 겪으신다.

14

다음 두 문장이 같은 뜻이 되도록 빈칸에 들어갈 말로 알맞은 것은?

> Eunji forgot that she left her purse in her room.
> → Eunji forgot _____ her purse in her room.

① leave   ② leaves
③ left   ④ leaving
⑤ to leave

15

다음 빈칸에 들어갈 말이 나머지와 <u>다른</u> 것은?

① There is nothing _____ me to eat or drink.
② It was nice _____ you to help the old lady.
③ The coffee is too strong _____ me to drink.
④ It wasn't easy _____ me to learn Spanish.
⑤ The movie is difficult _____ children to understand.

16

다음 빈칸에 들어갈 말로 바르게 짝지어진 것은?

> a. Mr. Ronald was _____ sick to go to work today.
> b. I didn't know _____ to say, so I just stood silently.

① so – how   ② so – what
③ too – why   ④ too – what
⑤ enough – where

17 통합유형

다음 밑줄 친 부분 중 어법상 옳지 <u>않은</u> 것은?

John Lee started ① <u>teaching</u> kids English and math. There were not enough notebooks ② <u>to write</u>, so they had to write words on the ground. As time went by, more and more kids came ③ <u>to study</u>. Eventually, John Lee built a school for the children ④ <u>to go to</u>. ⑤ <u>Going</u> to school became a common thing in Tonj.

18

다음 중 어법상 옳지 <u>않은</u> 것은?

① Tom hates wearing ties.
② My doctor suggested sleeping more.
③ He enjoyed cooking for his family.
④ Layla refused accepting the proposal.
⑤ You should avoid walking alone at night.

19 통합유형

다음 밑줄 친 부분이 어법상 옳은 것을 모두 고르시오. (2개)

① He practiced <u>to throw</u> a ball.
② Eunmi gave up <u>writing</u> a book.
③ I went to the library <u>to borrow</u> books.
④ It is polite <u>for him</u> to offer his seat to the old lady.
⑤ <u>That</u> is not easy to eat fresh vegetables all the time.

20 [통합유형]

다음 중 어법상 옳은 문장의 개수는?

> a. Julia kept asking questions.
> b. She tried wearing the shoes.
> c. I don't mind to tell her my secret.
> d. Do you need something to wear warm?
> e. Is it possible for a penguin to fly?

① 1개   ② 2개   ③ 3개   ④ 4개   ⑤ 5개

서 · 술 · 형

21

다음 두 문장이 같은 뜻이 되도록 빈칸에 알맞은 말을 쓰시오.

1) He had to ask his boss what he should do next.
   → He had to ask his boss _____ _____ _____ next.

2) She was so strong that she could lift the box.
   → She was _____ _____ _____ _____ the box.

22

다음 우리말과 일치하도록 주어진 단어를 활용하여 문장을 완성하시오.

1) 아빠는 새 차를 한 대 사는 것을 고려 중이시다.
   → Dad is _____.
      (consider, buy)

2) 나는 오늘밤에 무엇을 입을지 결정할 수 없다.
   → I can't decide _____.
      (should, wear)

23

다음 〈보기〉의 단어를 활용하여 글을 완성하시오.

〈보기〉	join	use	drink

> To help protect the environment, I decided to stop 1) _____ straws. In restaurants, I asked for my drink without a straw. Later, my friends started 2) _____ without straws, too. We asked more people 3) _____ us. Many of them agreed.

24

다음 그림과 일치하도록 주어진 단어를 활용하여 문장을 완성하시오.

1)   2)

1) Toby is _____ the roller coaster. (too, short, ride)

2) She is _____. (smart, enough, get As)

25 [통합유형]

다음 주어진 말을 활용하여 글을 완성하시오.

> Hello. My name is Mira Park. I'm from Jeonju. One of my hobbies is 1) _____ (watch movies). I like 2) _____ (hike) on the weekends. I am good at 3) _____ _____ (play the piano). I want to make new friends and have fun together. Thank you for 4) _____ (listen).

[01-02] 다음 빈칸에 들어갈 말로 알맞은 것을 고르시오.

01

It's very kind _____ to lend me his laptop.

① him
② his
③ for him
④ of him
⑤ with him

02

I'm looking forward _____ camping this weekend.

① go
② goes
③ going
④ to go
⑤ to going

[03-04] 다음 빈칸에 공통으로 들어갈 말로 알맞은 것을 고르시오.

03

a. _____ is exciting to watch sports games.
b. I found _____ difficult to make cheese sticks.

① It[it]
② That[that]
③ This[this]
④ There[there]
⑤ Whether[whether]

04

a. Jennifer likes _____ books.
b. She is especially interested in _____ essays.

① read
② reads
③ reading
④ to read
⑤ to reading

05

다음 주어진 우리말과 일치하도록 빈칸에 들어갈 말로 알맞은 것은?

나는 안경을 쓰는 것에 익숙하지 않다.
→ I'm not used _____ glasses.

① wear
② wears
③ wearing
④ to wear
⑤ to wearing

[06-07] 다음 빈칸에 들어갈 말로 알맞지 <u>않은</u> 것을 고르시오.

06

It was very _____ of him to say so.

① kind
② rude
③ polite
④ careless
⑤ difficult

07

I _____ to study medicine at university.

① wanted
② decided
③ planned
④ hoped
⑤ enjoyed

08

다음 주어진 우리말을 영어로 바르게 옮긴 것은?

> 밖에서 식사를 해도 될 정도로 충분히 따뜻하다.

① It is too warm to eat outside.
② It is to warm too eat outside.
③ It is so warm that I eat outside.
④ It is warm enough to eat outside.
⑤ It is enough warm to eat outside.

09 기출응용 서울 00중 2학년

다음 밑줄 친 부분의 역할이 나머지와 다른 것은?

① I will walk instead of taking the bus.
② His hobby is painting pictures.
③ Keep stirring the flour and eggs.
④ They stopped producing solar energy.
⑤ I'm thinking about going abroad to study music.

10

다음 짝지어진 두 문장의 의미가 같지 않은 것을 모두 고르시오. (2개)

① He continued driving.
  He continued to drive.
② The baby started to cry.
  The baby started crying.
③ They stopped to argue.
  They stopped arguing.
④ We forgot to buy some milk.
  We forgot buying some milk.
⑤ James loves listening to K-pop.
  James loves to listen to K-pop.

[11-13] 다음 밑줄 친 부분의 쓰임이 나머지와 다른 것을 고르시오.

11 기출응용 대전 00중 2학년

① I need a friend to play with.
② This lake is not safe to swim in.
③ She grew up to be a musician.
④ We should run to catch that train.
⑤ He must be careless to make such a mistake.

12

① He hates trying new food.
② How about going for a walk?
③ My uncle is building a house.
④ His duty is protecting citizens.
⑤ Exercising regularly is good for your health.

13

① It got dark outside.
② It was 7 o'clock in the morning.
③ It was cold and windy yesterday.
④ It is getting difficult to find a job.
⑤ It is Monday, so the museum is closed.

14

다음 대화의 빈칸에 들어갈 말로 바르게 짝지어진 것은?

> A: I feel like _____ to the movies tonight.
> Would you like to join me?
> B: I'm sorry, but I can't. I will be busy _____
> my homework.

① to go   –   to do
② to go   –   doing
③ going   –   do
④ going   –   doing
⑤ to going   –   to do

15

다음 주어진 문장의 밑줄 친 부분과 쓰임이 같은 것은?

> Would you like to put your name on the waiting list?

① She was watching TV.
② Look at the sleeping dog.
③ They are talking about the rumor.
④ Dad bought me a pair of running shoes.
⑤ We can see singing birds in the tree.

16 [기출응용] 서울 00중 2학년

다음 짝지어진 두 문장의 의미가 같지 않은 것은?

① The tent is large enough to hold five people.
The tent is so large that it can hold five people.
② The restaurant is too far for us to walk to.
The restaurant is so far that we can't walk to it.
③ The homework is too hard for me to do.
The homework is so hard that I can do it.
④ Grace is tall enough to reach the shelf.
Grace is so tall that she can reach the shelf.
⑤ It was too cold to eat outside.
It was so cold that we couldn't eat outside.

17 [통합유형]

다음 밑줄 친 부분이 어법상 옳은 것은?

① They have an issue to talk.
② I hope to become friends with her.
③ There are lots of places visiting in Seoul.
④ The musical was worth pay $150 for.
⑤ Amy spent three hours to shop online.

[18-19] 다음 밑줄 친 부분이 어법상 옳지 않은 것을 고르시오.

18 [통합유형]

① I was too tired to go out.
② Are you good at telling jokes?
③ He couldn't help think about her.
④ She was brave enough to go skydiving.
⑤ They are looking forward to going to Italy.

19 [통합유형]

> If you are considering ① getting a pet, think about these two things. First, you need time and energy ② to take care of pets. For example, you must train them ③ not to cause trouble. Second, you need money ④ to spend on your pets. You must buy food and toys for them. Owning pets ⑤ are not easy, so think carefully.

20 통합유형

다음 밑줄 친 부분을 어법상 바르게 고치지 <u>않은</u> 것은?

① I don't mind <u>to buy</u> second-hand books.
→ buying

② Don't worry about <u>make</u> mistakes.
→ to make

③ I need a frying pan <u>to cook</u>.
→ to cook with

④ Many technologies are used to <u>stopping</u> crime.
→ stop

⑤ Food for people is too salty <u>to cats</u> to eat.
→ for cats

 서 · 술 · 형

21 기출응용 의정부 00중 2학년

다음 그림을 보고 주어진 단어를 활용하여 아래 문장을 완성하시오.

→ She is _____.
(busy, clean, her room)

22 통합유형

다음 주어진 단어를 활용하여 글을 완성하시오.

My Dream

My dream is 1) _____ (be) a singer.
I enjoy 2) _____ (listen) to music.
It makes me happy. I want 3) _____ (become) the greatest singer in Asia. I will practice 4) _____ (sing) every day.

23 기출응용 대전 00중 2학년

다음 우리말과 일치하도록 주어진 말을 활용하여 문장을 완성하시오. (현재시제로 쓸 것)

A : Thank you for taking care of me while I was in Korea. I hope to visit Korea again.
B : I'm glad to hear that. <u>나는 너를 다시 만나기를 고대해.</u>

→ _____

(look forward to, see)

24

다음 표의 내용과 일치하도록 〈예시〉와 같이 문장을 완성하시오.

Jaeho	nice	gave directions to tourists
Helena	unfriendly	didn't say hello to her friends
Ben	impossible	finished his work on time

〈예시〉
It was nice of Jaeho to give directions to tourists.

1) It was unfriendly _____.

2) It was impossible _____.

25 기출응용 서울 00중 2학년

다음 〈보기〉와 같이 두 문장을 'too ~ to' 구문을 사용하여 한 문장으로 쓰시오.

〈보기〉 Olivia is very short. She can't be a volleyball player.
→ Olivia is too short to be a volleyball player.

1) We were very busy. We couldn't attend the meeting.

→ _____

2) My brother got up very late. He couldn't have breakfast this morning.

→ _____

번호	모의고사 1회 문항별 출제 포인트	O/X/△	번호	모의고사 2회 문항별 출제 포인트	O/X/△
1	동명사의 역할		1	to부정사의 의미상의 주어	
2	to부정사를 목적어로 쓰는 동사		2	동명사 관용 표현	
3	to부정사의 형용사적 용법		3	가주어 it / 가목적어 it	
4	to부정사를 목적어로 쓰는 동사		4	동명사의 역할	
5	to부정사를 이용한 구문		5	동명사 관용 표현	
6	to부정사의 부사적 용법		6	to부정사의 의미상의 주어	
7	to부정사와 전치사		7	to부정사를 목적어로 쓰는 동사	
8	to부정사의 명사적 용법		8	to부정사를 이용한 구문	
9	동명사와 to부정사 모두를 목적어로 쓰는 동사		9	동명사의 역할	
10	가주어 it과 비인칭 주어 it		10	동명사, to부정사를 목적어로 쓰는 동사	
11	동명사와 현재분사		11	to부정사의 부사적 용법	
12	동명사, to부정사를 목적어로 쓰는 동사 / 동명사 관용 표현		12	동명사와 현재분사	
13	to부정사를 이용한 구문 / 동명사 관용 표현		13	가주어 it과 비인칭 주어 it	
14	동명사와 to부정사		14	동명사 관용 표현	
15	to부정사의 의미상의 주어		15	동명사와 현재분사	
16	to부정사를 이용한 구문 / 「의문사 + to부정사」		16	to부정사를 이용한 구문	
17	to부정사 / 동명사		17	to부정사와 전치사 / to부정사를 목적어로 쓰는 동사 / to부정사의 형용사적 용법 / 동명사 관용 표현	
18	동명사, to부정사를 목적어로 쓰는 동사		18	to부정사를 이용한 구문 / 동명사 관용 표현	
19	동명사를 목적어로 쓰는 동사 / to부정사의 부사적 용법 / to부정사의 의미상의 주어 / 가주어 it		19	동명사 / to부정사	
20	동명사를 목적어로 쓰는 동사 / to부정사의 위치 / to부정사의 의미상의 주어		20	동명사 / to부정사	
21	「의문사 + to부정사」 / to부정사를 이용한 구문		21	to부정사를 이용한 구문	
22	동명사를 목적어로 쓰는 동사 / 「의문사 + to부정사」		22	동명사 / to부정사	
23	동명사, to부정사를 목적어로 쓰는 동사		23	동명사 관용 표현	
24	to부정사를 이용한 구문		24	to부정사의 의미상의 주어	
25	동명사와 to부정사 모두를 목적어로 쓰는 동사 / 동명사의 역할 / to부정사의 역할		25	to부정사를 이용한 구문	

Never to suffer would never to have been blessed.

시련이 없다는 것은 축복받은 적이 없다는 것이다.

- Edgar Allan Poe -

UNIT 03

형용사와 부사, 비교, 분사

A 형용사와 부사

1 수량형용사

셀 수 있는 명사의 복수 앞	셀 수 없는 명사 앞	의미
a few	a little	조금 있는, 약간의
few	little	거의 없는
many	much	많은
a lot of / lots of		

John has **a few** *friends* in Korea, so he can speak **a little** *Korean*.
Few *people* live to be over 100 years old.
There is **little** *milk* in the refrigerator. Let's go to the market.
He traveled to **many**[**a lot of** / **lots of**] *countries* around the world.
I drink **much**[**a lot of** / **lots of**] *coffee* these days.

2 형용사의 위치

형용사는 기본적으로 명사를 앞에서 꾸며준다.

a -thing, -body, -one으로 끝나는 대명사: 형용사가 대명사를 뒤에서 꾸며준다.
I will give this chocolate to *someone* **special**.

b such a[n] + 형용사 + 명사: 그렇게[무척] ~한
Today is **such a perfect day**!

> ↪ 복수명사나 셀 수 없는 명사가 오는 경우 관사 a[n]를 쓰지 않는다.

3 부사의 위치

a 빈도부사: 빈도부사는 보통 일반동사 앞, be동사나 조동사 뒤에 위치한다.

0%   100% (빈도)

| never(결코 ~않다) | sometimes(가끔) | often(자주) | usually(대개, 보통) | always(항상) |

I **usually** *go* for a walk after lunch.
Jessica *is* **always** sweet and kind.

b 「동사 + 부사」의 동사구
It's cold outside. **Put** *your gloves* **on**. (= **Put on** *your gloves*.)
If you are wearing a cap, **take** *it* **off**. [take off it.]

> ↪ 대명사 목적어는 항상 동사와 부사 사이에 위치한다.

B 비교

1 원급을 이용한 표현

a not + as[so] + 원급 + as: ~만큼 …하지 않은[않게]
My legs are **not as[so]** **long as** her legs.
(= Her legs are **longer than** my legs.)

> ↪ 비교급을 이용하여 같은 의미를 나타낼 수 있다.

형용사와 부사
형용사는 (대)명사를 꾸며주거나 주어나 목적어를 보충 설명하는 보어 역할을 한다. 부사는 동사, 형용사, 다른 부사, 문장 전체를 꾸며준다.

수량형용사
명사의 수와 양을 나타내는 형용사이다.

형용사와 to부정사의 위치
-thing, -body, -one으로 끝나는 대명사가 형용사와 to부정사의 수식을 동시에 받을 때는 「대명사 + 형용사 + to부정사」의 어순으로 쓴다.

I'm looking for **something good to read**.

빈도부사
어떤 일이 얼마나 자주 일어나는지를 나타내는 부사이다.

· 내신 빈출 문법

「동사 + 부사」의 동사구
동사구의 목적어가 명사이면 「동사 + 명사 + 부사」, 「동사 + 부사 + 명사」 순서가 모두 가능하다. 그러나 목적어가 대명사이면 「동사 + 대명사 + 부사」의 순서로 대명사를 반드시 동사와 부사 사이에 써야 한다.

look up: 찾아보다
put off: ~을 미루다, 연기하다
put out: (불을) 끄다
try on: (옷 등을) 입어 보다
put on: (옷 등을) 입다, 쓰다
take off: (옷 등을) 벗다
turn on/off: (전기, 가스, 수도 등을) 켜다/끄다

---

b as + 원급 + as + 주어 + can

(= as + 원급 + as possible): ~가 할 수 있는 한 …한[하게]

I threw the ball **as hard as I could**.

(= I threw the ball **as hard as possible**.)

c 배수사 + as + 원급 + as (= 배수사 + 비교급 + than): ~보다 몇 배 …한[하게]

Seoul is **three times as big as** my hometown.

(= Seoul is **three times bigger than** my hometown.)

→ 단, twice는 「twice + as + 원급 + as」의 형태로 쓰는 것이 일반적이며,
「비교급 + than」과는 쓰지 않는다.

2 비교급을 이용한 표현

a 비교급 + and + 비교급: 점점 더 ~한[하게]

My kitten is getting **bigger and bigger**.

b the + 비교급~, the + 비교급…: ~하면 할수록 더 …하다

The older he gets, **the wiser** he becomes.

c which[who] ~ 비교급, A or B?: A와 B 중에서 어느 것이[누가] 더 ~한가?

Which do you like **better**, sandwiches **or** burgers?

3 최상급을 이용한 표현

a one of the + 최상급 + 복수명사: 가장 ~한 것들 중 하나

Brad Pitt is **one of the most famous actors** in the world.

b the + 최상급 + 명사 (+ that) + 주어 + have ever v-ed:

(주어가) 지금까지 ~한 것 중 가장 …한

He is **the funniest person** (that) **I have ever met**.

C 분사

1 현재분사와 과거분사

a 현재분사: 「v-ing」의 형태로 〈능동(~하는)〉, 〈진행(~하고 있는)〉의 의미를 나타낸다.

boring movie (지루한[지루하게 하는] 영화) / **running** dogs (달리고 있는 개들)

b 과거분사: 「v-ed」의 형태로 〈수동(~된)〉, 〈완료(~한)〉의 의미를 가진다.

surprised people (놀란 사람들) / **broken** branches (부러진 나뭇가지들)

2 분사의 쓰임

a 명사 수식: 분사는 주로 명사의 앞에서 명사를 수식하고, 분사에 수식어가 붙어 길어지면 뒤에서 명사를 수식한다.

Don't touch the **broken** *windows*.

The *girl* **dancing** with Jake is my sister.

b 보어 역할

My sister sat **crying**. 〈주격보어〉

I heard my dog **barking** at the door. 〈목적격보어〉

비교 표현의 기본 형태

as + 원급 + as: ~만큼 …한[하게]

I can run **as fast as** Mina.

비교급 + than: ~보다 …한[하게]

I feel **better than** yesterday.

the + 최상급: 가장 ~한[하게]

What is **the largest** mammal?

• 내신 빈출 문법

비교급 강조

'훨씬'이라는 의미의 much, even, still, a lot, far 등의 부사를 앞에 써서 비교급을 강조할 수 있다. very는 비교급 강조를 위해 쓸 수 없다.

I am *much* **taller than** Yumi.

분사

「v-ing(현재분사)」 또는 「v-ed(과거분사)」의 형태로 형용사의 역할을 할 수 있다.

• 내신 빈출 문법

감정을 나타내는 분사

'~한 감정을 느끼게 하는'이라는 〈능동〉의 뜻이면 현재분사로, '~한 감정을 느끼는'이라는 〈수동〉의 뜻이면 과거분사로 쓴다.

exciting(흥분시키는) – excited(흥분한)
tiring(피곤하게 하는) – tired(피곤한)
amazing(놀라운) – amazed(놀란)
boring(지루하게 하는) – bored(지루한)
confusing(혼란스럽게 하는) –
confused(혼란스러운)
disappointing(실망스러운) –
disappointed(실망한)
interesting(흥미로운) –
interested(흥미가 있는)
depressing(우울하게 하는) –
depressed(우울한)

3 분사구문

a 분사구문 만드는 방법

① 부사절의 접속사를 생략한다.

② 부사절의 주어가 주절의 주어와 같으면 생략한다.

③ 부사절의 동사를 현재분사(v-ing)형태로 바꾼다.

Because she was unable to find the shop, she went back home.

→ **(Being)** Unable to find the shop, she went back home.

> 분사구문 맨 앞의 Being은 생략할 수 있다.

b 분사구문의 의미: 분사구문은 문맥에 따라 동시동작, 시간·때, 이유, 조건, 양보 등으로 해석할 수 있다.

Watching TV, I ate popcorn. 〈동시동작〉

(← *While* I watched TV, I ate popcorn.)

Opening the door, I found the room empty. 〈시간·때〉

(← *When* I opened the door, I found the room empty.)

Having a stomachache, he went to see a doctor. 〈이유〉

(← *As[Because]* he had a stomachache, he went to see a doctor.)

Buying two, you'll get a 15% discount. 〈조건〉

(← *If* you buy two, you'll get a 15% discount.)

Though living near the library, I never went there. 〈양보〉

(← *Though* I lived near the library, I never went there.)

> 양보의 의미를 나타내는 분사구문은 실제로 잘 쓰이지 않으며, 접속사 though[although]는 분사구문 앞에 남겨두는 경우가 많다.

분사구문

부사절의 접속사와 주어를 생략하고 동사를 현재분사의 형태로 써서 분사구문을 만들 수 있다. 분사구문의 부정형은 분사구문 앞에 Not을 써서 만든다.

01 기출응용 서울 00중 2학년

다음 괄호 안의 단어가 들어갈 위치로 알맞은 것은?

> William ⓐ has ⓑ lunch with ⓒ his ⓓ colleagues ⓔ. (usually)

① ⓐ　　② ⓑ　　③ ⓒ　　④ ⓓ　　⑤ ⓔ

02

다음 빈칸에 들어갈 말로 알맞은 것은?

> The girl _____ on the stage is my cousin.

① sing　　　　② sings
③ sung　　　　④ singing
⑤ to singing

[03-04] 다음 빈칸에 들어갈 말로 알맞지 않은 것을 모두 고르시오. (2개)

03

> This mountain is _____ higher than Baekdu Mountain.

① much　　　　② more
③ even　　　　④ a lot
⑤ very

04

> I want to try on _____.

① it　　　　　② your shoes
③ this hat　　　④ them
⑤ the green sweater

[05-07] 다음 밑줄 친 부분이 어법상 옳지 않은 것을 고르시오.

05 기출응용 대전 00중 2학년

① Can you give me <u>a little</u> help?
② I didn't spend <u>much</u> money.
③ Can I ask you <u>a few</u> questions?
④ There were <u>a lot of</u> people at the square.
⑤ I need <u>many</u> water to wash my long hair.

06

① The story was <u>shocking</u>.
② Her performance was <u>amazing</u>.
③ They were <u>exciting</u> by the news.
④ I made an <u>embarrassing</u> mistake.
⑤ The noise from the factory was really <u>annoying</u>.

07

① Lack of sunlight can make you <u>depressed</u>.
② Don't touch the newly <u>painting</u> door.
③ The man <u>wearing</u> a yellow armband is the captain.
④ We must not open this <u>closed</u> window.
⑤ I need <u>boiling</u> water to make a cup of coffee.

08

다음 주어진 문장의 밑줄 친 부분과 쓰임이 같지 <u>않은</u> 것은?

<u>Sleeping</u> babies are lovely.

① Look at that <u>crying</u> girl.
② Timothy suggested <u>going</u> for a walk.
③ She was afraid of the <u>barking</u> dog.
④ Be careful with the <u>boiling</u> water.
⑤ Don't go near the <u>burning</u> house.

09

다음 밑줄 친 단어의 위치가 옳지 <u>않은</u> 것은?

① She put <u>on</u> her new jacket.
② It's too noisy. Please turn it <u>off</u>.
③ I wanted to buy something <u>special</u>.
④ They achieved success in such <u>short</u> a time.
⑤ Henry <u>sometimes</u> wakes up in the middle of the night.

10

다음 주어진 문장과 의미가 같은 것은?

I don't swim as fast as dolphins.

① I swim faster than dolphins.
② I swim as slow as dolphins.
③ Dolphins swim faster than me.
④ Dolphins don't swim as slow as me.
⑤ Dolphins don't swim faster than me.

11

다음 주어진 문장을 분사구문으로 바르게 전환한 것은?

Because I was young, I didn't understand her.

① Was young, I didn't understand her.
② Being young, I didn't understand her.
③ I being young, I didn't understand her.
④ Being was young, I didn't understand her.
⑤ Was being young, I didn't understand her.

12

다음 중 어법상 옳지 <u>않은</u> 것은?

① This is the cheapest hotel in the town.
② Is he the tallest of your classmates?
③ That's the best compliment I've ever heard.
④ This is one of the oldest book in the library.
⑤ Everest is the highest mountain in the world.

13

다음 표의 내용과 일치하는 것을 모두 고르시오. (3개)

Sally의 2019년	
무엇을?	얼마나 자주?
eat cereal	almost every morning
go to the gym	every Friday
watch a movie	once a month
be late for school	once a year
be absent from school	not a single time

① She usually ate cereal in the morning in 2019.
② She always went to the gym on Fridays in 2019.
③ She sometimes watched movies in 2019.
④ She was never late for school in 2019.
⑤ She was often absent from school in 2019.

14

다음 두 문장이 같은 뜻이 되도록 빈칸에 들어갈 말로 알맞은 것은?

Feeling sick, Mr. Butler closed his store early yesterday.

→ _____, Mr. Butler closed his store early yesterday.

① If he felt sick
② When he felt sick
③ Before he felt sick
④ Because he felt sick
⑤ Though he felt sick

[15–16] 다음 빈칸에 들어갈 말로 바르게 짝지어진 것을 고르시오.

15 기출응용 서울 00중 2학년

a. His advice was much _____ than yours.
b. The _____ it got, the harder it rained.

① helpful   – dark
② more helpful   – dark
③ more helpful   – darker
④ most helpful   – darker
⑤ most helpful   – darkest

16 통합유형

a. I stepped on the _____ glass.
b. The dog jumped as _____ as he could to catch the ball.

① break   – high
② breaking   – high
③ breaking   – higher
④ broken   – high
⑤ broken   – higher

17 통합유형

다음 괄호 안에 들어갈 말로 바르게 짝지어진 것은?

(A) The child was [frightening / frightened] of the dentist.
(B) Which looks [good / better] on me, this one or that one?
(C) [Be / Being] exhausted, Matt fell asleep with his coat on.

	(A)	(B)	(C)
①	frightening	– good	– Be
②	frightening	– better	– Being
③	frightened	– good	– Be
④	frightened	– better	– Be
⑤	frightened	– better	– Being

18 통합유형

다음 중 어법상 옳지 않은 것을 모두 고르시오.

① You always can call me.
② I will never forget your birthday.
③ She often visited the hospital downtown.
④ A few student is playing football together.
⑤ We needed lots of paper to print out this document.

19 통합유형

다음 밑줄 친 부분이 어법상 옳지 않은 것을 모두 고르시오. (2개)

I have a twin sister. We look alike, but there are ① a little differences between us. Her hair is ② a lot ③ longer than mine. And she is two centimeters ④ taller than me. Finally, she is ⑤ interesting in math, but I am not.

20 [통합유형] [기출응용] 대전 00중 2학년

다음 중 우리말을 영어로 바르게 옮긴 것의 개수는?

> a. 날씨가 점점 더 추워지고 있다.
> → The weather is getting colder and colder.
> b. 교회에선 모자를 벗어야 해.
> → You should take your hat off in the church.
> c. 그는 떨어지는 나뭇잎을 잡았다.
> → He caught a fallen leaf.
> d. 오늘은 그의 인생에서 가장 바쁜 날들 중 하루였다.
> → Today was one of the busiest days of his life.

① 0개　　② 1개　　③ 2개　　④ 3개　　⑤ 4개

서 · 술 · 형

21 [기출응용] 서울 00중 2학년

다음 〈조건〉에 맞게 우리말을 영어로 옮기시오.

> 〈조건〉
> · 최상급 표현을 사용할 것
> · 어휘 interesting, watch, famous, paintings를 사용할 것

1) 이것은 내가 지금까지 본 영화 중에서 가장 재미있다.
　→ This is _____ _____
　_____ that I _____ ever _____.

2) '최후의 만찬'은 세상에서 가장 유명한 그림 중 하나이다.
　→ The Last Supper is _____ _____
　_____ _____ _____
　in the world.

22

다음 문장을 분사구문으로 바르게 전환하시오.

1) Because she didn't want to go to school, she pretended to be sick.
　→ _____,
　she pretended to be sick.

2) When I entered the room, I saw a stain on the floor.
　→ _____,
　I saw a stain on the floor.

23

다음 우리말과 일치하도록 주어진 단어를 바르게 배열하여 문장을 완성하시오.

> Alex: Welcome to my house!
> Taemin: Wow! 1) 이곳은 무척 멋진 집이구나!
> Alex: Thanks! Please come in.
> Taemin: 2) 내가 신발을 벗어야 하니?
> Alex: No, 3) 넌 그것을 벗을 필요 없어.

1) (is, nice, it, a, house, such)
　→ _____!

2) (take, I, my shoes, do, off, have to)
　→ _____?

3) (don't, have to, them, you, off, take)
　→ _____.

24

다음 우리말과 일치하도록 〈보기〉에서 알맞은 단어를 활용하여 문장을 완성하시오.

> 〈보기〉　　shock　　　　shake

> 그는 충격을 받은 게 틀림없어. 그의 떨리는 손을 봐.

→ He must be _____.
　Look at his _____ hands.

25 [통합유형]

다음 중 어법상 옳지 않은 것을 모두 찾아 바르게 고치시오.

> a. You can't pick up spilled water.
> b. There are few people in the theater.
> c. I'm satisfying with the taste of the food.
> d. Can you bring me the file as sooner as possible?

01

다음 빈칸에 들어갈 말로 알맞은 것을 고르시오.

> Baseball is not as _____ soccer in England.

① popular
② popular as
③ more popular
④ more popular than
⑤ most popular

[02-03] 다음 빈칸에 들어갈 말로 알맞지 <u>않은</u> 것을 고르시오.

02

> The question was _____ more difficult than I thought.

① very
② much
③ a lot
④ even
⑤ far

03

> The author has written _____ books.

① lots of
② many
③ a few
④ a lot of
⑤ much

[04-05] 다음 빈칸에 들어갈 말로 바르게 짝지어진 것을 고르시오.

04 기출응용 서울 00중 2학년

> a. Everyone was _____ to see the singer.
> b. Basketball is an _____ game to watch.

① excite – excite
② exciting – exciting
③ exciting – excited
④ excited – exciting
⑤ excited – excited

05 통합유형

> a. There are _____ restaurants in my town.
> b. He is one of _____ teachers in my school.

① a few – kindest
② a few – the kindest
③ a little – the kindest
④ a little – the most kind
⑤ little – the most kind

06 기출응용 서울 00중 2학년

다음 빈칸에 **fast**의 비교급 또는 최상급을 쓸 때, 들어갈 말이 나머지와 <u>다른</u> 것은?

① She can run _____ than me.
② He is the _____ man in the world.
③ The train went _____ and _____.
④ Which is _____, the bus or the subway?
⑤ The _____ she walked, the harder she breathed.

07 통합유형

다음 빈칸에 공통으로 들어갈 말로 알맞은 것은?

a. She added too _____ salt to the soup.
b. I can type _____ faster than her.

① very
② more
③ a lot of
④ much
⑤ a few

08

다음 괄호 안의 단어가 들어갈 위치로 바르게 짝지어진 것은?

(A) I ⓐ will ⓑ visit ⓒ your ⓓ house again. (never)
(B) She ⓐ borrows ⓑ books ⓒ from ⓓ her friend. (sometimes)

(A)　(B)　　　　　(A)　(B)
① ⓐ － ⓑ　　　② ⓐ － ⓒ
③ ⓑ － ⓐ　　　④ ⓑ － ⓑ
⑤ ⓒ － ⓐ

[09-11] 다음 밑줄 친 부분이 어법상 옳지 <u>않은</u> 것을 고르시오.

09

① Who is that <u>laughing</u> boy?
② I liked that girl <u>played</u> the piano.
③ How can I open this <u>locked</u> window?
④ He drew his children <u>lying</u> on the beach.
⑤ Look at those <u>running</u> people in the park.

10

① I had <u>such a wonderful time</u> today.
② This job is not good for <u>somebody shy</u> like him.
③ I'm sorry, but I have to <u>put off our appointment</u>.
④ The postman <u>usually delivers</u> letters before 11 a.m.
⑤ There wasn't <u>interesting anything</u> to do, so I stayed in my hotel.

11 통합유형

① Jacob <u>never eats</u> junk food.
② Seoul is <u>as crowded as</u> Tokyo.
③ We have <u>little money</u> to buy food.
④ She wants to meet <u>someone considerate</u>.
⑤ This year's income was <u>three times as more as</u> last year's.

12

다음 밑줄 친 부분의 쓰임이 나머지와 <u>다른</u> 것은?

① The man <u>hosting</u> the talk show is Mr. Ferraro.
② Who is the girl <u>standing</u> next to your car?
③ That <u>singing</u> man looks very happy.
④ David is <u>fixing</u> his old car in the garage.
⑤ The boy <u>sitting</u> on the bench is Patrick.

13

그것은 무척 큰 피자로구나!

① That is big pizza!
② That is such big pizza!
③ That is big such a pizza!
④ That is such big a pizza!
⑤ That is such a big pizza!

14 (2개)

그녀는 가능한 한 빨리 책을 써야 했다.

① She had to write the book as fast as she could.
② She had to write the book faster than she could.
③ She had to write the book as fast as possible.
④ She had to write the book as faster as possible.
⑤ She had to write the book as fastest as she could.

15

다음 중 우리말 해석이 옳지 않은 것은?

① My ring is much more expensive than hers.
  → 내 반지가 그녀의 것보다 훨씬 더 비싸다.
② This is the dirtiest hotel I've ever been in.
  → 이곳은 내가 가 봤던 호텔 중에 가장 더러운 곳이다.
③ August is the hottest month of the year.
  → 8월은 1년 중 가장 더운 달이다.
④ His cat is not as fat as my cat.
  → 그의 고양이는 나의 고양이만큼 뚱뚱하지 않다.
⑤ The more often you eat fast food, the worse your health gets.
  → 네가 패스트푸드를 자주 먹어서 네 건강이 나빠진 것이다.

16

다음 분사구문을 부사절로 전환한 것 중 옳지 않은 것은?

① Seeing me, he ran away.
  → When he saw me
② Having breakfast, he read a newspaper.
  → While he is having breakfast
③ Being late, she was punished by her teacher.
  → Because she was late
④ Visiting the museum, I saw many great paintings.
  → When I visited the museum
⑤ Listening to the music, she tapped her foot.
  → While she was listening to the music

17 기출응용 서울 00중 2학년

다음 중 어법상 옳은 것끼리 바르게 짝지어진 것은?

a. Claire spent ten times more money than me.
b. Tulips are not as more popular as roses in our flower shop.
c. It was the biggest pigeon that I have ever seen.
d. Mickey Mouse is one of the most famous character.

① a, b   ② a, c   ③ a, d
④ b, c   ⑤ c, d

18

다음 각 빈칸에 들어갈 말로 알맞지 않은 것은?

a. Mr. Cho is one of the ___①___ chefs in Korea.
b. This is the ___②___ city that I've ever visited.
c. The city is not as ___③___ as you think.
d. A double bed is usually twice as ___④___ as a single bed.
e. As winter approaches, the days are getting ___⑤___ and ___⑤___.

① greatest   ② more beautiful
③ dangerous   ④ big
⑤ shorter

19 통합유형

다음 밑줄 친 부분을 어법상 바르게 고치지 <u>않은</u> 것은?

① The lamp hurt my eyes, so I <u>turned off it</u>.
　　　　　　　　　　　　　→ turned it off
② <u>Much</u> bricks were used to build this house.
　→ A lot of
③ <u>Be</u> older than 65, you can use the subway for free.
　→ Being
④ It is difficult to understand him, as he speaks
　<u>few</u> English.
　→ a few
⑤ Dinner at Jessica's restaurant was a <u>satisfied</u>
　experience.　　　　　　　　→ satisfying

20 통합유형

다음 중 어법상 옳은 문장의 개수는?

a. She sometimes wears a skirt.
b. He is such a strange person!
c. It is the most tallest building in the city.
d. This remake is very better than the original movie.

① 0개　　② 1개　　③ 2개　　④ 3개　　⑤ 4개

서·술·형

21

다음 우리말과 일치하도록 주어진 말과 분사를 활용하여 문장을 완성하시오.

1) Jenny는 길을 걸어가는 한 남자에게 손을 흔들었다.
　(a man, walk down the street)
　→ Jenny waved to ＿＿＿＿＿＿＿＿＿＿.

2) 그는 Springfield라고 불리는 마을에 산다. (a town, call Springfield)
　→ He lives in ＿＿＿＿＿＿＿＿＿＿.

22

다음 표의 내용과 일치하도록 주어진 단어를 활용하여 빈칸에 알맞은 말을 쓰시오.

Jack	1) health		Ben
	★★	★★★★	
	2) strength		
	★	★★★	
	3) exercising		
	once a month	every day	

1) Ben is ＿＿＿＿＿＿ than Jack. (healthy)

2) Jack is ＿＿＿＿ ＿＿＿＿ ＿＿＿＿ as Ben. (strong)

3) Who exercises ＿＿＿＿ ＿＿＿＿, Jack or Ben? (often)

[23-24] 다음 문장의 분사구문을 부사절로, 또는 부사절을 분사구문으로 바르게 전환하시오.

23

When I woke up, I saw it was snowing.

→ ＿＿＿＿＿＿＿＿＿＿, I saw it was snowing.

24

Feeling cold, she wrapped her legs in a blanket.

→ ＿＿＿＿＿＿＿＿＿＿＿＿＿＿,
she wrapped her legs in a blanket.

25

다음 우리말과 일치하도록 주어진 단어를 활용하여 문장을 완성하시오.

그것은 내가 이제껏 본 것 중에 가장 큰 늑대이다.

→ It ＿＿＿＿ ＿＿＿＿ ＿＿＿＿ wolf I
＿＿＿＿ ever ＿＿＿＿. (big, see)

UNIT 03 형용사와 부사, 비교, 분사

학습 확인표

모의고사 1회			모의고사 2회		
번호	문항별 출제 포인트	O/X/△	번호	문항별 출제 포인트	O/X/△
1	빈도부사		1	원급을 이용한 표현	
2	현재분사		2	비교급 강조	
3	비교급 강조		3	수량형용사	
4	「동사 + 부사」의 동사구		4	감정을 나타내는 분사	
5	수량형용사		5	수량형용사 / 최상급을 이용한 표현	
6	감정을 나타내는 분사		6	비교	
7	현재분사와 과거분사		7	수량형용사 / 비교급 강조	
8	현재분사와 동명사		8	빈도부사	
9	형용사의 위치 / 부사의 위치		9	현재분사와 과거분사	
10	원급을 이용한 표현		10	형용사의 위치 / 부사의 위치	
11	분사구문 만드는 방법		11	형용사와 부사 / 원급을 이용한 표현	
12	최상급을 이용한 표현		12	분사의 쓰임	
13	빈도부사		13	형용사의 위치	
14	분사구문		14	원급을 이용한 표현	
15	비교급을 이용한 표현		15	비교	
16	현재분사와 과거분사 / 원급을 이용한 표현		16	분사구문	
17	감정을 나타내는 분사 / 비교급을 이용한 표현 / 분사구문		17	비교	
18	빈도부사 / 수량형용사		18	비교	
19	수량형용사 / 비교 / 감정을 나타내는 분사		19	「동사 + 부사」의 동사구 / 수량형용사 / 분사구문 / 감정을 나타내는 분사	
20	비교급을 이용한 표현 / 「동사 + 부사」의 동사구 / 현재분사와 과거분사 / 최상급을 이용한 표현		20	빈도부사 / 형용사의 위치 / 비교	
21	최상급을 이용한 표현		21	현재분사와 과거분사	
22	분사구문		22	비교급을 이용한 표현 / 원급을 이용한 표현	
23	형용사의 위치 / 「동사 + 부사」의 동사구		23	분사구문	
24	감정을 나타내는 분사 / 현재분사		24	분사구문	
25	「동사 + 부사」의 동사구 / 수량형용사 / 감정을 나타내는 분사 / 원급을 이용한 표현		25	최상급을 이용한 표현	

Time is the most valuable thing a man can spend.

시간은 인간이 쓸 수 있는 가장 값진 것이다.

- Theophrastus -

UNIT 04

대명사, 접속사, 관계사

UNIT 04 | 대명사, 접속사, 관계사

A 대명사

대명사
명사를 대신하는 말로, 앞에서 언급된 명사를 지칭하기 위해 쓰인다. 대명사에는 인칭대명사, 지시대명사, 부정대명사, 재귀대명사 등이 있다.

1 부정대명사

a one: 앞에 언급된 명사와 같은 종류의 불특정한 대상을 가리킬 때 쓴다.

Amy bought *a camera* yesterday. I will buy **one** soon.
                                                    = a camera

cf. Amy bought *a camera* yesterday. I want to borrow **it**.
one과 달리 it은 앞에서 언급한   = Amy's camera
명사와 동일한 것을 지칭한다.

The brown *cookies* are chocolate, and the white **ones** are vanilla.
복수형은 ones이다.

부정대명사
정해지지 않은 대상을 가리킬 때 쓰는 대명사이다. 일부는 같은 의미의 형용사로도 쓰인다.

b all: '모든 (것), 모두'라는 의미로 사람을 나타낼 때는 복수 취급하고, 사물이나 상황을 나타낼 때는 단수 취급한다. 단, 「All + (of) + 명사」인 경우, 뒤에 오는 명사의 수에 동사를 일치시킨다.

All *are* welcome. / **All** *is* lost.
All (of) the tickets are sold out.

c every: '모든'이라는 의미로, 「every + 단수명사」의 형태로 쓰며 단수 취급한다.

Every flower *has* its own scent.
Every seat *was* already taken when I got there.

d each: '각각(의)'라는 의미로 「each + 단수명사」 또는 「each of + 복수명사」의 형태로 쓰며, 단수 취급한다.

Each student *has* a desk and a chair.
Each of the five players *has* a different strength.

e both: '둘 다(의), 양쪽(의)'라는 의미로, 항상 복수 취급한다.

I have an orange and a banana. **Both** *are* fresh and sweet.
Both math and science *are* fun subjects.
both A and B: 'A와 B 둘 다'라는 뜻으로 복수 취급한다.

f some, any: '약간(의), 조금(의)'의 의미로 some은 주로 긍정문이나 권유문, any는 부정문이나 의문문, 조건문에서 쓰인다.

Those apples look delicious. Let's buy **some**.
Would you like **some** popcorn? – No, thanks.
I need some coins. Do you have **any**?
If you have **any** questions, let me know.
cf. Choose **any** book you want.
any가 긍정문에 쓰이면 '어떤 ~이라도'라는 뜻이다.

2 부정대명사 구문

a one ~ the other: (둘 중에서) 하나는 one, 나머지 하나는 the other

We have two drinks. **One** is milk, and **the other** is hot chocolate.

b one ~ the others: (셋 이상에서) 하나는 one, 나머지 전부는 the others

Out of all the staff members, only **one** was Japanese. **The others** were Korean.

c one ~ another ... the other(s): (셋 이상에서) 하나는 one, 다른 하나는 another, 나머지 하나(전부)는 the other(s)

We have three classes today. **One** is history, **another** is math, and **the other** is science.
┗→나머지 하나

There are five chickens in the box. **One** is white, **another** is brown, and **the others** are black.
┗→나머지 전부

d some ~ the others: (여러 대상 중) 어떤 일부는 some, 나머지 전부는 the others

I bought flowers. **Some** are roses, and **the others** are tulips.

e some ~ others ... the others: (여러 대상 중) 어떤 일부는 some, 다른 어떤 일부는 others, 나머지 전부는 the others

Some students are from Italy; **others** are from France.
Some are made of gold, **others** are made of silver, and **the others** are made of copper.

3 재귀대명사

a 재귀 용법: 주어가 하는 동작의 대상이 주어 자신일 때, 재귀대명사가 동사나 전치사의 목적어로 쓰인다. 이때 재귀대명사는 문장의 필수 성분이므로 생략할 수 없다.

I cut **myself** while cutting paper. 〈동사의 목적어〉
She looked at **herself** in the mirror. 〈전치사의 목적어〉

b 강조 용법: '자신이, 직접; 그 자체'의 의미로 주어, 목적어, 보어를 강조하기 위해 사용한다. 이때 재귀대명사는 생략 가능하다.
┗→ 강조하고 싶은 말 바로 뒤나 문장 맨 끝에 쓸 수 있다.

She solved the puzzle **herself**. 〈주어 강조〉
(= *She* **herself** solved the puzzle.)
I met *Mr. Kim* **himself** at the party. 〈목적어 강조〉

c 재귀대명사의 관용 표현

John spent Christmas **by himself**.
He bought a hat for me and a shirt **for himself**.

B 접속사

1 부사절을 이끄는 종속접속사

a 시간
┗→ while은 '반면에'라는 의미도 있다.
────────────────────────────
when(~할 때), as(~할 때, ~하면서), while(~하는 동안에),
before(~전에), after(~후에), until[till](~할 때까지), since(~이래로) 등
────────────────────────────

Please call me **when** you are free.
As I was taking a walk, I ran into Timothy.
I fell asleep **while** I was watching a movie.
Brush your teeth **before** you go to bed.
I will go outside **after** I *finish* my homework.
┗→ 시간의 부사절에서는 현재시제가 미래시제를 대신한다.
Josh lived in New York **until** he was seven.
We have known each other **since** we were young.

b 이유, 결과

because(~이기 때문에), as[since](~이기 때문에),
so ~ that ...(너무[매우] ~해서 …하다) 등

I didn't go to school **because** I was sick.
cf. I didn't go to school **because of** the flood.
As he was hungry, he ate a hot dog. → 전치사 + 명사(구)
Since there was no food at home, we ate out.
He was **so** shocked **that** he couldn't talk.

c 양보

though[although](비록 ~이지만), even though(비록 ~일지라도) 등

Though it stopped raining, it was still cloudy.
Even though he is 30, he still acts like a child.

d 조건

if(만약 ~라면[한다면]), unless(만약 ~하지 않으면)

If it *rains*, we will stay home.
→ 조건의 부사절에서는 현재시제가 미래시제를 대신한다.
You won't succeed **unless** you work hard.
(= You won't succeed **if** you do**n't** work hard.)

2 명사절을 이끄는 종속접속사

명사절을 이끌어 문장 내에서 주어, 목적어, 보어의 역할을 한다.

a that: ~라는 것

That he is from China is not true. 〈주어〉
(→ *It* is not true **that** he is from China.)
→ that절을 주어로 하는 문장에서는 보통 가주어 It을 사용한다.
I think (**that**) you are really smart. 〈목적어〉
→ 동사의 목적어를 이끄는 종속접속사 that은 생략될 수 있다.
The problem is **that** he complains about everything. 〈보어〉

b if/whether ~ (or not): ~인지(아닌지)

It is not important **whether**[**if**] Jake will come (or not). 〈주어〉
He asked **if**[**whether**] I could play tennis (or not). 〈목적어〉
The question is **whether**[**if**] this food contains peanuts (or not). 〈보어〉
→ if가 이끄는 명사절은 원칙적으로 주어나 보어 역할을 할 수 있지만,
일반적이지 않다.

3 상관접속사

a both A and B: A와 B 둘 다

Both my boyfriend **and** I *like* ice cream.

b not only A but also B: A뿐만 아니라 B도 (= B as well as A)

Not only I **but also** Mr. Harris *works* for the radio station.
= Mr. Harris, **as well as** I, *works* for the radio station.

c either A or B: A 또는 B

Either your parents **or** your teacher *is* going to help you.
cf. **Neither** she **nor** I *have* any money.
→ neither A nor B는 'A도 B도 아닌'의 의미이다.

d not A but B: A가 아니라 B인

This mug is **not** mine **but** Jessie's.

・ 내신 빈출 문법
의미가 같은 접속사와 전치사
because와 because of는 둘 다 '~때문에'라는 의미이지만, 접속사인 because 뒤에는 「주어 + 동사」의 절을, 전치사인 because of 뒤에는 명사(구)를 쓴다.

접속사	전치사	의미
because	because of	~때문에
while	during, for	~동안
though, although	despite	비록 ~이지만

상관접속사
두 개 이상의 단어가 짝을 이루어 하나의 접속사 역할을 한다.

・ 내신 빈출 문법
상관접속사의 수 일치
「both A and B」는 복수 취급하고, 나머지는 모두 B에 동사의 수를 일치시킨다.

C 관계사

1 관계대명사의 쓰임

관계대명사는 앞에 오는 명사(선행사)를 수식하는 절을 이끌며, 접속사와 대명사의 역할을 동시에 한다.

People helped the girl. + She suffered from a disease.

→ People helped *the girl* **who[that]** suffered from a disease.

---

2 관계대명사의 격

선행사의 종류와 관계대명사가 관계대명사절 내에서 하는 역할에 따라 관계대명사의 격이 결정된다.

선행사	주격	목적격	소유격
사람	who, that	who(m), that	whose
사물, 동물	which, that	which, that	whose / of which
사람, 사물, 동물	that	that	whose

주로 whose를 쓴다.

a 주격 관계대명사

Jane has *a sister* **who[that]** is a singer.
The chameleon is *an animal* **which[that]** changes its body color.

b 목적격 관계대명사

Lucy likes *the boy* **who(m)[that]** she met at the party.
They read *the book* **which[that]** their teacher recommended.
The girl is wearing *the same skirt* **that** I bought yesterday.

c 소유격 관계대명사

I have *a friend* **whose** father is a pilot.
Seolmi has *a cat* **whose** fur is black and brown.
I want to buy *a pair of glasses* **whose** frame is gold.

3 관계대명사 what

관계대명사 what은 선행사를 포함한 관계대명사로, the thing(s) that[which]으로 바꿔 쓸 수 있다. 관계대명사 what이 이끄는 절은 문장에서 주어, 목적어, 보어 역할을 하며 '~하는 것'으로 해석한다.

What she wants for Christmas is a camera. 〈주어〉
Do you understand **what** you've heard today? 〈목적어〉
A new desk lamp is **what** I need now. 〈보어〉

관계사
관계사는 대명사 또는 부사의 역할을 하면서 앞의 명사에 절을 연결하는 말로, 관계대명사와 관계부사로 나눌 수 있다.

・내신 빈출 문법
관계대명사 that을 주로 쓰는 경우
다음과 같은 경우에는 관계대명사 that을 주로 쓴다.

- 선행사가 '사람 + 동물[사물]'인 경우
- 최상급 형용사, 서수, the only, the very, the same, the last, all, any, no 등이 선행사를 수식하는 경우
- 선행사가 -thing으로 끝나는 명사인 경우

목적격 관계대명사와 전치사
선행사가 전치사의 목적어인 경우, 전치사를 잊지 않고 쓴다.

This is the house. + I live **in** the house.
→ This is the house **which[that]** I live **in**.

전치사를 관계대명사 앞에 쓸 수도 있는데, 관계대명사 that은 앞에 전치사를 쓸 수 없다.

This is the house **in which** I live.
[This is the house in that I live.]

58

4 관계대명사의 생략

a 목적격 관계대명사의 생략: 목적격으로 쓰인 관계대명사 who(m), which, that은 생략 가능하다. 단, 「전치사 + 관계대명사」의 순서로 쓰는 경우에는 생략할 수 없다.

Is that the necklace (**which**[**that**]) you were looking *for*? 〈생략 가능〉
Is that the necklace *for* **which** you were looking? 〈생략 불가〉

b 「주격 관계대명사 + be동사」의 생략: 뒤에 형용사구, 분사구 또는 전치사구가 이어질 때 「주격 관계대명사 + be동사」를 생략할 수 있다.

Ms. Osborn offered some cookies (**which were**) made with ginger.
Did you eat the strawberries (**which were**) in the refrigerator?

5 관계부사

관계부사는 앞에 오는 명사(선행사)를 수식하는 절을 이끌며, 접속사와 부사의 역할을 동시에 한다. 관계부사는 선행사의 종류에 따라 달라지며, 「전치사 + 관계대명사」로 바꿔 쓸 수 있다.

This is the city. + I was born in the city.

→ This is *the city* **where** I was born. 〈관계부사〉
→ This is *the city* **in which** I was born. 〈전치사 + 관계대명사〉
→ This is *the city* **which**[**that**] I was born **in**. 〈관계대명사〉

	선행사	관계부사
시간	the time, the day, the year 등	when
장소	the place, the house, the city 등	where
이유	the reason	why
방법	the way	how

He remembered *the day* **when** his daughter first walked.
She wants to visit *the place* **where** she met her husband.
I will never know *the reason* **why** he is angry with me.
The Internet has changed **how**[**the way**] we communicate.
[The Internet has changed **the way how** we communicate.]

> **· 내신 빈출 문법**
> **선행사와 관계부사**
> 선행사와 관계부사는 함께 써도 되지만, 둘 중 하나를 생략하기도 한다. 단, the way 와 how는 둘 중 하나만 쓴다.

[01-02] 다음 빈칸에 들어갈 말로 알맞은 것을 고르시오.

01

> Mr. Brown is the person with _____ I wanted to work.

① which   ② what   ③ that
④ whom   ⑤ whose

02

> Skydiving is _____ I want to do.

① who   ② which   ③ that
④ how   ⑤ what

03 기출응용 대전 00중 2학년

다음 중 빈칸에 쓰이지 <u>않는</u> 것은?

> a. _____ I was very upset, I forgave my sister.
> b. _____ Dad was young, he swam in the river.
> c. You can use my pen _____ you need to.
> d. She exchanged the shirt _____ it was too big for her.

① if[If]   ② when[When]
③ after[After]   ④ because[Because]
⑤ although[Although]

04 기출응용 서울 00중 2학년

다음 빈칸에 관계대명사 **that**을 쓸 수 <u>없는</u> 것은?

① It is the cheapest ticket _____ you can buy.
② This is the best movie _____ I've ever watched.
③ I will buy something _____ will make him happy.
④ This is a story about a king _____ name is Midas.
⑤ The police arrested the man _____ stole Mr. Miller's bag.

[05-06] 다음 밑줄 친 부분이 어법상 옳지 <u>않은</u> 것을 고르시오.

05 기출응용 부산 00중 2학년

① Both Korea and China <u>is</u> in Asia.
② Neither my sister nor I <u>have</u> a car.
③ Either Jake or his parents <u>have</u> to go to Ann's wedding.
④ The coach, as well as the players, <u>was</u> crying when the game finished.
⑤ Not only my sisters but also my brother <u>likes</u> my cooking.

06

① It's the bicycle <u>which</u> I wanted to buy.
② We have a dog <u>whose</u> ears are very long.
③ Clare has a doll <u>which</u> was given to her by Sam.
④ This is the woman <u>which</u> lives next door.
⑤ He is the man <u>whom</u> I interviewed yesterday.

07

> a. Each of the teams _____ good players.
> b. You have a nice watch! I want to buy the same _____.

① have – one
② have – it
③ has – it
④ has – one
⑤ has – that

08

> a. She knew the reason _____ he was crying.
> b. This is the town _____ I lived until 2015.

① how – where
② how – when
③ why – where
④ why – when
⑤ that – what

09

다음 주어진 우리말을 영어로 바르게 옮긴 것을 모두 고르시오. (2개)

> Alexa는 디자이너일 뿐만 아니라 모델이기도 하다.

① Alexa is not a designer but a model.
② Alexa is a model as well as a designer.
③ Alexa is either a designer or a model.
④ Alexa is neither a designer nor a model.
⑤ Alexa is not only a designer but also a model.

10

다음 빈칸에 들어갈 말로 알맞은 것을 모두 고르시오. (2개)

> _____ cell phone from our company has its own unique serial number.

① All   ② Each   ③ Both
④ Every   ⑤ It

11

다음 중 밑줄 친 부분을 생략할 수 있는 것은?

① I didn't understand what he said.
② Ethan is the only person that believes me.
③ The people with whom I work are nice.
④ She has an expensive bag which was made in France.
⑤ He is the actor who I like the most.

12 기출응용 서울 00중 2학년

다음 밑줄 친 부분의 의미가 나머지와 다른 것은?

① As the sky was very cloudy, we couldn't see the stars.
② As you leave, don't forget to switch off the lights.
③ As he lied to me, I am very angry.
④ As it snowed a lot, the road was blocked.
⑤ As Matthew had a stomachache, he stayed in bed.

[13-15] 다음 밑줄 친 부분의 쓰임이 나머지와 다른 것을 고르시오.

13 통합유형

① It is good that he came back.
② I read the book that he wrote.
③ He is the teacher that I respect the most.
④ Helen is a photographer that I met in Canada.
⑤ I want to buy the shoes that Mr. Todd made.

14

① You should love <u>yourself</u>.
② I sometimes talk to <u>myself</u>.
③ She cut <u>herself</u> with the knife.
④ He looked at <u>himself</u> in the window.
⑤ Jaden <u>himself</u> made this beautiful song.

15

① This is <u>what</u> I bought for my sister's birthday.
② Don't tell anybody <u>what</u> you just heard.
③ Watching horror movies is <u>what</u> I like the best.
④ Those flowers are <u>what</u> my dad planted last month.
⑤ Failure is not <u>what</u> I'm afraid of.

16

다음 그림과 일치하도록 빈칸에 들어갈 말로 바르게 짝지어진 것은?

There are several rabbits in the box. _____ is white, _____ are brown, and _____ are black.

① One   –   others   –   the others
② One   –   others   –   the other
③ One   –   the other   –   another
④ Some   –   other   –   the other
⑤ Some   –   others   –   the others

17 <u>통합유형</u> <u>기출응용</u> 대전 OO중 2학년

다음 우리말을 영어로 바르게 옮긴 것의 개수는?

> a. 각각의 아이들은 간식으로 바나나 한 개를 받는다.
> → Each kid gets a banana for a snack.
> b. 그는 피곤했기 때문에 파티에 가지 않았다.
> → He didn't go to the party, since he was tired.
> c. 아이슬란드는 네가 오로라를 볼 수 있는 나라이다.
> → Iceland is a country which you can see auroras.
> d. 나는 내 우산뿐만 아니라 내 가방도 잃어버렸다.
> → I lost not only my umbrella but also my bag.

① 0개   ② 1개   ③ 2개   ④ 3개   ⑤ 4개

18 <u>통합유형</u>

다음 괄호 안에 들어갈 말로 바르게 짝지어진 것은?

> (A) Do you have some paper? I don't have [any / some].
> (B) This is the house [that / what] my dad built.
> (C) Amy stayed home all day [because / because of] the flu.

	(A)	(B)	(C)
①	any	– that	– because
②	any	– what	– because of
③	any	– that	– because of
④	some	– what	– because
⑤	some	– that	– because

19

다음 주어진 문장의 밑줄 친 부분과 역할이 같은 것은?

> It is amazing <u>that he passed the audition</u>.

① I hope <u>that everyone is happy</u>.
② It was a lie <u>that he designed the dress</u>.
③ He said <u>that he wanted to be a doctor</u>.
④ She thinks <u>that she has lost her watch</u>.
⑤ The important thing is <u>that I saw the thief</u>.

20 통합유형

다음 중 밑줄 친 부분을 생략할 수 있는 것의 개수는?

> a. I found the lipstick <u>that</u> you lost.
> b. I think <u>that</u> honesty is very important.
> c. The man <u>who is</u> sitting next to Fred is our new manager.
> d. Steve introduced <u>himself</u> to his new neighbors.
> e. He is the only person <u>that</u> can speak Russian in my class.

① 1개   ② 2개   ③ 3개   ④ 4개   ⑤ 5개

서 · 술 · 형

21

다음 표와 일치하도록 빈칸에 알맞은 부정대명사를 쓰시오.

New Year's Plan	take a trip	learn a foreign language	exercise regularly
20 friends	5	8	7

I asked 20 of my friends about their plans for the new year. 1) _____ want to take a trip, and 2) _____ want to learn a foreign language. 3) _____ want to exercise regularly.

22

다음 두 문장을 주어진 접속사를 사용하여 한 문장으로 쓰시오.

1) It was raining. We went outside. (although)

   → _____

2) I can't afford a new car. I don't have a job. (because)

   → _____

23 기출응용 서울 00중 2학년

다음 Lily의 프로필을 보고, 관계대명사를 이용하여 아래 문장을 완성하시오. (관계대명사 that은 쓰지 말 것)

> Name: Lily
> Hometown: San Diego. It is known for its beautiful beaches.
> Hobby: Meeting my friend every day and walking my dog, Tabby

> I'm Lily. I live in San Diego. This is a city 1) _____.
> I love spending time with my friends. Isabella is a friend 2) _____.
> Also, I love walking my dog, Tabby.

24

다음 우리말과 일치하도록 빈칸에 알맞은 말을 쓰시오.

1) 나는 두 자루의 펜이 있다. 하나는 빨간색이고 나머지 하나는 파란색이다.
   → I have two pens. _____ is red, and _____ _____ is blue.

2) 너는 국에 간장 또는 소금을 첨가할 수 있다.
   → You can add _____ soy sauce _____ salt to the soup.

25 통합유형

다음 글에서 어법상 옳지 않은 것을 모두 찾아 바르게 고치시오. (2개)

> A: Wow! Did you fix the computer by yourself?
> B: Yes, I did. It was easy.
> A: Can you tell me the way how you fixed it?
> B: Why?
> A: My sister broke my computer, and I don't know that I can fix it or not.
> B: Don't worry. I will help you.

01

다음 주어진 우리말을 영어로 바르게 옮긴 것은?

> 그녀는 지붕이 파란색인 집을 갖고 있다.

① She has a house that roof is blue.
② She has a house who roof is blue.
③ She has a house whom roof is blue.
④ She has a house whose roof is blue.
⑤ She has a house which roof is blue.

02

다음 중 밑줄 친 부분을 생략할 수 있는 것은?

① I took a picture of myself.
② James wrote this novel himself.
③ You must love yourself.
④ He burned himself while he was cooking.
⑤ She had to have dinner by herself.

03

다음 빈칸에 관계대명사 that을 쓸 수 없는 것은?

① My uncle is a man _____ I admire.
② She lost the ring _____ her mother gave to her.
③ I have a friend _____ brother is a police officer.
④ Do you remember the man _____ wore a red cap?
⑤ Where is the nearest café _____ serves good coffee?

04

다음 빈칸에 so 또는 because를 쓸 때, 빈칸에 들어갈 말이 나머지와 다른 것은?

① He was crying _____ his dog died.
② I took the stairs _____ the elevator was broken.
③ _____ she didn't have a car, I gave her a ride.
④ It was _____ cold that I turned on the heater.
⑤ We came back home _____ the restaurant was closed.

05

다음 대화의 빈칸에 들어갈 말로 바르게 짝지어진 것은?

> A: We have two different pizzas. _____ is Hawaiian and _____ is pepperoni.
> B: I will have a slice of the pepperoni pizza.

① One   – other
② One   – the other
③ One   – the others
④ Some   – other
⑤ Some   – the other

06

다음 주어진 문장의 밑줄 친 부분과 역할이 같은 것은?

> She's a nurse who works at NE Hospital.

① I have a cat which is fat.
② Is this the bag that you lost?
③ This is a book that I already read.
④ I used the perfume which you gave me.
⑤ The man who I met in London is on TV.

07

다음 밑줄 친 접속사의 쓰임이 알맞지 <u>않은</u> 것은?

① Please check <u>if</u> the price is correct.
② Take off your shoes <u>before</u> you enter the room.
③ He got hurt <u>while</u> he was playing hockey.
④ <u>Though</u> the weather was bad, I went jogging.
⑤ Milk goes bad easily <u>unless</u> you don't put it in the refrigerator.

08

다음 빈칸에 들어갈 말로 바르게 짝지어진 것은?

> a. The green cards are for my family, and the blue _____ are for my friends.
> b. The flowers were not fresh, so I didn't buy _____.

① it – any
② one – some
③ ones – any
④ one – each
⑤ ones – the other

09

다음 빈칸에 들어갈 말로 알맞은 것은?

> If she _____ New York, she will go to the Statue of Liberty first.

① visit
② visits
③ visited
④ will visit
⑤ has visited

10 기출응용 김포 00중 2학년

다음 중 밑줄 친 부분을 생략할 수 <u>없는</u> 것은?

① I found the key <u>that</u> can open the door.
② I like the pants <u>that</u> I bought yesterday.
③ This is a violin <u>which was</u> made in 1653.
④ The guests <u>whom</u> Tom invited were Mr. and Mrs. Green.
⑤ The road <u>which was</u> destroyed in the flood will open again soon.

11 기출응용 서울 00중 2학년

다음 중 의미가 자연스럽지 <u>않은</u> 것은?

① This tea is so hot that I can't drink it now.
② The concert ticket was so expensive that I couldn't buy it.
③ Amanda studied so hard that she got a perfect score on the test.
④ It was so cold that we didn't go outside.
⑤ The story was so sad that everyone burst into laughter.

[12-13] 다음 밑줄 친 부분이 어법상 옳지 <u>않은</u> 것을 고르시오.

12 기출응용 서울 00중 2학년

① Either Sally or I <u>am</u> going to drive.
② Not you but he <u>have</u> to clean the room.
③ Both he and his father <u>work</u> hard.
④ Not only my parents but also my sister <u>likes</u> my new hairstyle.
⑤ Neither Brian nor I <u>believe</u> his story.

13 통합유형 기출응용 대전 00중 2학년

① This is my sister <u>who</u> lives in Japan.
② Both Patrick and Ben <u>is</u> from America.
③ Each of them <u>is</u> a different color.
④ She likes neither science <u>nor</u> math.
⑤ I like not only playing the piano <u>but also</u> playing soccer.

14

다음 짝지어진 두 문장의 의미가 같지 <u>않은</u> 것은?

① If you don't speak louder, I won't be able to hear you.
   Unless you speak louder, I won't be able to hear you.
② I bought some fruit before I visited Lily in the hospital.
   I visited Lily in the hospital after I bought some fruit.
③ Since it was late, we stayed in the hotel.
   As it was late, we stayed in the hotel.
④ It is amazing that he lost 10 kg in a month.
   That he lost 10 kg in a month is amazing.
⑤ The restaurant was noisy, so I talked loudly.
   Because I talked loudly, the restaurant was noisy.

[15-16] 다음 밑줄 친 부분의 쓰임이 나머지와 <u>다른</u> 것을 고르시오.

15 통합유형

① He reads <u>when</u> he is on the subway.
② Mike will call me <u>when</u> he arrives at the airport.
③ I will leave this country <u>when</u> I finish my class.
④ December is the month <u>when</u> winter vacation begins.
⑤ She was watching TV <u>when</u> he came back.

16 통합유형

① I agree <u>that</u> Lucas is a nice person.
② It surprised me <u>that</u> she was over 40 years old.
③ She thinks <u>that</u> exercising is important.
④ I like the shoes <u>that</u> you are wearing.
⑤ Did you know <u>that</u> she was absent from school yesterday?

17

다음 중 어법상 옳지 <u>않은</u> 것은?

① Beijing is the city where my aunt lives.
② Do you know the reason why she is late?
③ This is the church where I married my wife.
④ 2019 was the year when I first met Mr. Henry.
⑤ We were surprised at the way how people reacted.

[18-19] 다음 괄호 안에 들어갈 말로 바르게 짝지어진 것을 고르시오.

18

(A) Yumi slept [during / while] her lunch hour.
(B) [Despite / Though] their high price, these speakers are very popular.
(C) My flight was canceled [because / because of] there was a problem with the plane.

	(A)	(B)	(C)
①	during	– Despite	– because
②	during	– Though	– because of
③	during	– Despite	– because of
④	while	– Despite	– because
⑤	while	– Though	– because of

19 통합유형

(A) John and Teresa built their house by [them / themselves].
(B) [All / Every] cars need an engine to move.
(C) We will go swimming after this TV show [is / will be] over.

	(A)	(B)	(C)
①	them	– All	– is
②	them	– Every	– will be
③	themselves	– All	– is
④	themselves	– All	– will be
⑤	themselves	– Every	– is

20 [통합유형] [기출응용] 대전 00중 2학년

다음 중 빈칸에 쓰이지 <u>않는</u> 것은?

a. I know _____ she wants for her birthday.
b. I'm not sure _____ she was there or not.
c. Tell me the reason _____ you are angry.
d. This is the hotel _____ the president stayed.

① whose ② whether ③ why
④ where ⑤ what

서 · 술 · 형

21

다음 우리말과 일치하도록 주어진 단어를 바르게 배열하여 문장을 완성하시오.

1) 그는 스스로를 위해서 크리스마스에 선물을 샀다.
   (for, bought, a gift, himself)
   → He _____ on Christmas.

2) 그녀는 혼자 산에 올랐다.
   (climbed, by, the mountain, herself)
   → She _____ .

22

다음 두 문장을 알맞은 관계부사를 사용하여 한 문장으로 쓰시오.

1) Bangkok was the city. + I ate Thai noodles for the first time in Bangkok.
   → _____
   _____

2) The nanny couldn't find the reason. + The baby was sick for a reason.
   → _____
   _____

23

다음 표의 내용과 일치하도록 빈칸에 알맞은 말을 쓰시오.

Name	Gabby
Job	nurse
Likes	cats, music, coffee, books
Hates	snakes, cola, math

1) Gabby is _____ a doctor _____ a nurse.

2) She likes _____ _____ music _____ also books.

3) She likes _____ snakes _____ cola.

24

다음 우리말과 일치하도록 빈칸에 알맞은 말을 쓰시오.

I went to the zoo for the first time. The lions were the most impressive animals. There were more than 10 lions. <u>어떤 사자들은 낮잠을 자고 있었고, 다른 사자들은 먹고 있었다. 그리고 나머지 사자들은 모두 우리 안을 걸어 다니고 있었다.</u>

→ _____ were napping, _____ were eating, and _____ _____ were walking around the cage.

25 [통합유형]

다음 중 어법상 옳지 <u>않은</u> 것을 모두 찾아 바르게 고치시오.

a. This car is the most expensive thing what I bought last year.
b. My son learned the alphabet by himself.
c. Every student has to participate in the event.

UNIT 04 대명사, 접속사, 관계사

학습 확인표

모의고사 1회		
번호	문항별 출제 포인트	O/X/△
1	목적격 관계대명사와 전치사	
2	관계대명사 what	
3	부사절을 이끄는 종속접속사	
4	관계대명사의 격	
5	상관접속사의 수 일치	
6	관계대명사의 격	
7	부정대명사	
8	관계부사	
9	상관접속사	
10	부정대명사	
11	관계대명사의 생략	
12	종속접속사 as	
13	종속접속사 that과 관계대명사 that	
14	재귀대명사	
15	관계대명사 what	
16	부정대명사 구문	
17	부정대명사 / 종속접속사 / 관계부사 / 상관접속사	
18	부정대명사 / 관계대명사 / 의미가 같은 접속사와 전치사	
19	명사절을 이끄는 종속접속사	
20	관계대명사의 생략 / 명사절을 이끄는 종속접속사 / 재귀대명사	
21	부정대명사 구문	
22	부사절을 이끄는 종속접속사	
23	관계대명사	
24	부정대명사 구문 / 상관접속사	
25	재귀대명사 / 관계부사 / 명사절을 이끄는 종속접속사	

모의고사 2회		
번호	문항별 출제 포인트	O/X/△
1	관계대명사의 격	
2	재귀대명사	
3	관계대명사의 격	
4	부사절을 이끄는 종속접속사	
5	부정대명사 구문	
6	관계대명사의 격	
7	종속접속사	
8	부정대명사	
9	조건 부사절의 시제	
10	관계대명사의 생략	
11	종속접속사 so ~ that	
12	상관접속사의 수 일치	
13	관계대명사 / 상관접속사 / 부정대명사	
14	종속접속사	
15	종속접속사 when과 관계부사 when	
16	종속접속사 that과 관계대명사 that	
17	관계부사	
18	의미가 같은 접속사와 전치사	
19	재귀대명사 / 부정대명사 / 시간 부사절의 시제	
20	관계대명사 / 명사절을 이끄는 종속접속사 / 관계부사	
21	재귀대명사	
22	관계부사	
23	상관접속사	
24	부정대명사 구문	
25	관계대명사 / 재귀대명사 / 부정대명사	

Always bear in mind that your own resolution to succeed is more important than any one thing.

늘 명심하라. 성공하겠다는 너 자신의 결심이 다른 어떤 것보다 중요하다는 것을.

- Abraham Lincoln -

UNIT 05

가정법, 문장의 형식

UNIT 05 | 가정법, 문장의 형식

Ⓐ 가정법

1 가정법 과거

「If + 주어 + 동사의 과거형, 주어 + 조동사의 과거형 + 동사원형」의 형태로, '(현재) ~하다면[라면]
…할 텐데'라는 의미이다.

If I **were** you, I **wouldn't say** that.
⤷ *if절의 be동사는 주어의 인칭과 수에 관계없이 were를 쓰는 경우가 많다.*
If I **knew** his phone number, I **could call** him.
(← As I don't know his phone number, I can't call him.)

2 가정법 과거완료

「If + 주어 + had v-ed, 주어 + 조동사의 과거형 + have v-ed」의 형태로, '(과거에) ~했다면
[였다면] …했을 텐데'라는 의미이다.

If I **hadn't been** tired, I **would have driven** you home.
(← As I was tired, I didn't drive you home.)
If she **had taken** the test, she **could have become** a nurse.
(← As she didn't take the test, she couldn't become a nurse.)

3 I wish 가정법

a **I wish + 가정법 과거:** 현재에 이룰 수 없는 소망을 표현하며, '(현재) ~하면[라면] 좋을 텐데'
라는 의미를 나타낸다. 「I wish + 주어 + 동사의 과거형」의 형태로 쓴다.

I wish I **were** a popular actor.
(← I'm sorry that I am not a popular actor.)
I wish we **had** more time to play together.
(← I'm sorry that we don't have more time to play together.)

b **I wish + 가정법 과거완료:** 과거에 이루지 못한 소망이나 과거에 했던 일에 대한 아쉬움을
표현하며, '(과거에) ~했다면[였다면] 좋을 텐데'라는 의미를 나타낸다. 「I wish + 주어 + had
v-ed」의 형태로 쓴다.

I wish I **had been** nicer to my brother.
(← I'm sorry that I wasn't nicer to my brother.)
I wish I **had called** her.
(← I'm sorry that I didn't call her.)

4 as if 가정법

a **as if + 가정법 과거:** 「as if + 주어 + 동사의 과거형」의 형태로, 주절의 시제와 같은 시제의
일을 가정하며, '마치 ~인 것처럼'이라는 의미이다.

James talks **as if** he **knew** everything about me.
(← In fact, James doesn't know everything about me.)

b **as if + 가정법 과거완료:** 「as if + 주어 + had v-ed」의 형태로, 주절의 시제보다 한 시제
앞선 일을 가정하며, '마치 ~였던 것처럼'이라는 의미이다.

Lauren acts **as if** she **had not seen** me.
(← In fact, Lauren saw me.)

가정법
실제로 일어나지 않았거나 실현 가능성이
거의 없는 일을 가정하거나 상상하여 표현
할 때 사용한다. 가정법 과거는 현재 사실과
반대되는 상황을, 가정법 과거완료는 과거
사실과 반대되는 상황을 가정할 때 쓴다.

• 내신 빈출 문법
조건절 vs. 가정법
if는 가정법에도 쓰이지만, 단순 조건절에도
쓰인다. 가정법이 실제로 일어날 가능성이
희박한 경우를 가정하는 반면, 단순 조건절
은 실제로 일어날 가능성이 있는 일을 나타
낸다.

If I **had** time, I **would** help Amy.
- 시간이 생길 가능성이 거의 없음 〈가정법〉
If I **have** time, I **will** help Amy.
- 시간이 생길 가능성이 있음 〈조건절〉

B 문장의 형식

1 주어 + 감각동사 + 형용사 (2형식)

feel + 형용사: ~하게 느껴지다	look + 형용사: ~하게 보이다
sound + 형용사: ~하게 들리다	smell + 형용사: ~한 냄새가 나다
taste + 형용사: ~한 맛이 나다	

This coffee **tastes** *great*.
The sofa **feels** *soft*. [~~The sofa feels softly.~~]
Your shoes **look** *comfortable*. ↳ 보어로 부사를 쓰지 않도록 주의한다.
cf. The baby **looks like** *a doll*.
  ↳강각동사 뒤에 명사가 올 때는 전치사 like와 함께 써야 한다.

2 주어 + 수여동사 + 간접목적어 + 직접목적어 (4형식)

a 4형식 문장

He **bought** <u>his brother</u> <u>a new backpack</u>.
     간접목적어   직접목적어

b 4형식 문장의 3형식 전환

「주어 + 수여동사 + 간접목적어 + 직접목적어」의 4형식 문장은 「주어 + 수여동사 + 직접목적어 + to/for/of + 간접목적어」의 3형식 문장으로 전환하여 쓸 수 있다. 이때 간접목적어 앞에 사용되는 전치사는 아래와 같이 수여동사의 종류에 따라 달라진다.

• 전치사 to를 쓰는 수여동사: give, tell, send, offer, bring, teach, show, sell, lend, pay 등

Can you *bring* <u>me</u> <u>my slippers</u>?
       간접목적어 직접목적어

→ Can you *bring* <u>my slippers</u> **to** <u>me</u>?
          직접목적어   to + 간접목적어

• 전치사 for를 쓰는 수여동사: make, buy, get, cook, find 등

Dad *bought* <u>me</u> <u>a camera</u> on my birthday.
     간접목적어 직접목적어

→ Dad *bought* <u>a camera</u> **for** <u>me</u> on my birthday.
        직접목적어   for + 간접목적어

• 전치사 of를 쓰는 수여동사: ask ↗ 직접목적어가 a favor / a question인 경우

The boss *asked* <u>his secretary</u> <u>a favor</u>.
           간접목적어   직접목적어

→ The boss *asked* <u>a favor</u> **of** <u>his secretary</u>.
             직접목적어   of + 간접목적어

4형식으로 착각하기 쉬운 3형식 동사
introduce, explain, suggest, say, propose, provide 등은 4형식으로 착각하기 쉬우나 목적어를 하나만 갖는 3형식 동사이다.

Josh *explained* his idea to me.
[~~Josh explained me his idea.~~]

3 주어 + 동사 + 목적어 + 목적격보어 (5형식)

목적어의 성질이나 상태를 설명하는 목적격보어로는 명사, 형용사, to부정사, 동사원형, 분사 등을 쓸 수 있다.

a 목적격보어로 명사를 쓰는 경우: call, make, name, elect 등
Her coach *made* her **a world champion**.

b 목적격보어로 형용사를 쓰는 경우: make, find, keep, think 등
This blanket will *keep* you **warm**.

c 목적격보어로 to부정사(구)를 쓰는 경우: want, ask, tell, invite, advise, expect, enable, allow, order 등
He *asked* me **to take** pictures of him.
The doctor *advised* me **to drink** more water.

d 목적격보어로 동사원형을 쓰는 경우: 지각동사(see, watch, hear, smell, feel, look at, listen to 등) 또는 사역동사(make, have, let)

• 지각동사 + 목적어 + 동사원형
I *felt* someone **touch** my shoulder.
Lily *heard* people **yelling** at each other.
　↪ 동작이 진행 중임을 묘사할 경우, 목적격보어로 현재분사를 쓰기도 한다.

• 사역동사 + 목적어 + 동사원형
My dad won't *let* me **go** outside late at night.
Rose *had* her tooth **pulled**.
　↪ 목적어와 목적격보어의 관계가 수동이면 목적격보어로 과거분사를 쓴다.

· 내신 빈출 문법
동사 get, help
get은 '~하도록 시키다'라는 사역의 의미를 가지고 있지만 목적격보어로 to부정사를 쓴다. help는 목적격보어로 to부정사와 동사원형을 모두 쓸 수 있다.

I *got* my sister **to bring** my book.
She *helped* me **(to) find** the way.

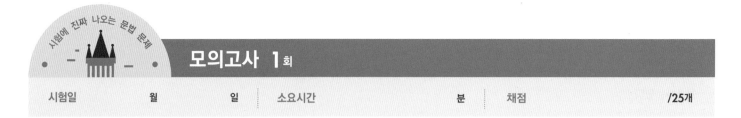
01

다음 빈칸에 들어갈 말로 알맞은 것은?

> Mr. Cho let his daughter _____ a friend to dinner.

① to bring
② bringing
③ brings
④ bring
⑤ brought

02

다음 주어진 우리말을 영어로 바르게 옮긴 것은?

> 내가 너희와 함께 영화를 봤더라면 좋을 텐데.

① I wish I watch the movie with you.
② I wish I watched the movie with you.
③ I wish I had watched the movie with you.
④ I wish I have watched the movie with you.
⑤ I wish I would watch the movie with you.

[03-04] 다음 빈칸에 들어갈 말로 알맞지 <u>않은</u> 것을 고르시오.

03

> I saw Dave today. He looked _____.

① happy
② pale
③ lonely
④ healthy
⑤ seriously

04

> She _____ a photo to her boyfriend.

① sent
② found
③ showed
④ brought
⑤ gave

[05-07] 다음 빈칸에 공통으로 들어갈 말로 알맞은 것을 고르시오.

05

> a. I wish Jenna and I _____ in the same class.
> b. If she _____ here, she would be happy for me.

① am
② are
③ were
④ have been
⑤ has been

06 기출응용 서울 00중 2학년

> a. Mr. Taylor taught science _____ his students.
> b. She brought some flowers _____ me yesterday.

① to
② at
③ of
④ from
⑤ in

07 통합유형

> a. She made me _____ still for a moment.
> b. If I were you, I wouldn't _____ near the campfire.

① stand
② stands
③ stood
④ standing
⑤ have stood

08

① One of my fans sent a gift to me.
② May I ask a favor of you?
③ She taught biology to us last year.
④ My sister made dinner for the family.
⑤ Lucas bought some Belgian chocolate to me.

09

① If she were alive, she would be 20 years old.
② This soup would taste much better if it were hot.
③ You could have finished it if you had have more time.
④ If I had been a doctor, I could have helped sick people.
⑤ If you had been careful, you wouldn't have lost your key.

10

다음 중 우리말 해석이 옳지 않은 것은?

① If she took a taxi, she could arrive on time.
→ 그녀가 택시를 탄다면, 제시간에 도착할 수 있을 텐데.
② I wish I had had dinner with my family.
→ 나의 가족과 함께 저녁을 먹으면 좋을 텐데.
③ If he is late, he will call his manager.
→ 만일 그가 늦는다면, 그는 그의 매니저에게 전화할 것이다.
④ If you had come, you would have had fun.
→ 네가 왔더라면, 너는 재미있게 놀았을 텐데.
⑤ He behaves as if he didn't know me.
→ 그는 마치 나를 모르는 것처럼 행동한다.

11

[11-12] 다음 빈칸에 들어갈 말로 바르게 짝지어진 것을 고르시오.

> a. She asked me _____ her suitcase.
> b. I allowed my dog _____ in the garden.

① carry – play
② carry – to play
③ to carry – playing
④ to carry – to play
⑤ carrying – playing

12

> a. If I won the lottery, I would _____ a house.
> b. If Emily _____ enough time, she would have traveled to China.

① buy – have
② buy – had had
③ bought – had
④ bought – had had
⑤ have bought – have had

13

다음 중 어법상 옳지 않은 것은?

① I'll introduce her to you.
② He explained me his theory.
③ Oliver gave his girlfriend a necklace.
④ Her grandmother told her an old story.
⑤ Did he suggest a good idea to you?

14

다음 표의 내용과 일치하지 <u>않는</u> 것은?

Sarah's Diary
As I'm not grown-up, I can't travel by myself.
As I don't have a car, I can't drive to school.
As I didn't have time, I couldn't do my homework.
As I didn't know Jane's number, I couldn't call her.
As I'm not good at math, I can't get a good grade.

① If she were grown-up, she could travel by herself.

② If she had a car, she could drive to school.

③ If she had had time, she could have done her homework.

④ If she had known Jane's number, she could have called her.

⑤ If she had been good at math, she could have gotten a good grade.

15

다음 밑줄 친 부분의 쓰임이 나머지와 <u>다른</u> 것은?

① Cold weather <u>makes</u> people depressed.

② His attitude <u>made</u> us angry.

③ Helping others <u>makes</u> the world a better place.

④ My aunt <u>made</u> me a cool wooden chair.

⑤ Horror movies <u>make</u> me scared.

[16-17] 다음 각 빈칸에 들어갈 말로 알맞지 <u>않은</u> 것을 고르시오.

16 기출응용 의왕 00중 2학년

a. She got me ___①___ her room.

b. He had his car ___②___ by an engineer.

c. I will have my son ___③___ his homework.

d. His father saw him ___④___ computer games late at night.

e. The TV shows helped me ___⑤___ American culture.

① clean   ② fixed

③ finish   ④ playing

⑤ understand

17 통합유형

A: Hey, you look ___①___. What's up?

B: I got a ticket for Maddie's performance! My father bought it ___②___ me.

A: Who is Maddie?

B: She is a ballet dancer. If you saw her ___③___, you would ___④___ her too.

A: I wish I ___⑤___ a ticket too.

① excited   ② for

③ dance   ④ have loved

⑤ had

18 통합유형

다음 두 문장이 나타내는 의미가 같지 <u>않은</u> 것은?

① Did she give her old wedding dress to you?
   Did she give you her old wedding dress?

② I wish I were good at writing.
   I'm sorry that I'm not good at writing.

③ If she were here, she could cook us a nice meal.
   As she isn't here, she can't cook us a nice meal.

④ If you had seen the movie, you would have cried.
   As you don't see the movie, you don't cry.

⑤ The Japanese chef made special noodles for us.
   The Japanese chef made us special noodles.

19 통합유형

다음 중 빈칸에 see를 쓸 수 있는 것은?

① I never expected _____ you here.

② These glasses will help you _____ things clearly.

③ If I _____ him, I would have told him not to leave.

④ My mom didn't allow me _____ him again.

⑤ If she had come, she could have _____ me dancing.

20

다음 중 어법상 옳은 것을 모두 고르시오. (2개)

① I wish I am a famous star.
② Your voice sounds strange.
③ I want you staying longer with us.
④ Did he send a Christmas card you last year?
⑤ If Kate had worked hard, she could have been promoted.

서 · 술 · 형

21

다음 우리말과 일치하도록 주어진 단어를 활용하여 문장을 완성하시오.

> 만약 그가 부자였더라면, 그녀에게 다이아몬드 반지를 줬을 텐데. (be, give)

→ If he _____ rich, he would _____
a diamond ring to her.

22

다음 그림을 보고 〈조건〉에 맞게 문장을 완성하시오.

〈조건〉
· 현재에 이룰 수 없는 소망을 표현할 것
· be동사, 형용사 tall, as ~ as 원급 표현을 모두 사용할 것

→ My brother is taller than me. I wish I _____
_____.

23

다음 우리말과 일치하도록 주어진 말을 활용하여 문장을 완성하시오.

1) 아빠는 내가 설거지하기를 원하신다. (do the dishes)
→ My dad wants _____.

2) 엄마는 나에게 TV를 끄게 하셨다. (turn off the TV)
→ My mom made _____.

24

다음 대화를 읽고, B의 답변을 〈예시〉와 같이 가정법 문장으로 쓰시오.

〈예시〉
A: How about going to the stadium to see a baseball game?
B: No, thanks. I don't like baseball.
→ If I liked baseball, I would go to the stadium to see a baseball game.

1) A: Can you lend me some money?
B: I'm sorry, I can't. I don't have any.
→ If I _____.

2) A: Did you go on a picnic?
B: No, we didn't. It was rainy.
→ If it _____
_____.

25

다음 중 어법상 옳지 않은 것을 모두 찾아 바르게 고치시오. (2개)

a. The lamp will keep the room brightly.
b. I heard her talking with her husband.
c. They named their dog Puggy.
d. George asked me come to his party.

01

다음 주어진 우리말을 영어로 바르게 옮긴 것은?

> Mason은 마치 중간고사가 쉬웠던 것처럼 말한다.

① Mason talks as if the midterm exam was easy.
② Mason talks as if the midterm exam is easy.
③ Mason talks as if the midterm exam has been easy.
④ Mason talks as if the midterm exam would have been easy.
⑤ Mason talks as if the midterm exam had been easy.

[02-03] 다음 중 빈칸에 들어갈 말로 알맞지 <u>않은</u> 것을 고르시오.

02

> She will _____ her friend the painting.

① give   ② show   ③ send
④ provide   ⑤ sell

03

> If Eric had not been sick, he _____ .

① would have attended class
② will have ice cream for dessert
③ wouldn't have gone to the hospital
④ wouldn't have changed his schedule
⑤ could have played basketball with us

04

다음 빈칸에 들어갈 말로 바르게 짝지어진 것은?

> a. My uncle always makes me _____ .
> b. I heard her _____ in the kitchen.

① laugh   –   whistle
② laugh   –   to whistle
③ to laugh   –   whistle
④ to laugh   –   whistling
⑤ laughing   –   to whistle

[05-07] 다음 빈칸에 들어갈 말로 알맞은 것을 고르시오.

05

> There is nothing to eat in the refrigerator. I wish I _____ my grocery shopping yesterday.

① do   ② did
③ have done   ④ had done
⑤ would have done

06

> Ms. Smith let her students _____ the book.

① read   ② reads
③ reading   ④ to read
⑤ to reading

07

> I am allergic to shrimp. If I were not, I _____ their shrimp burger.

① try   ② will try
③ had tried   ④ would try
⑤ have tried

78

08

다음 중 밑줄 친 부분의 우리말 해석이 옳지 <u>않은</u> 것은?

① <u>If I were you</u>, I wouldn't touch that.
　내가 너라면
② <u>If she had missed me</u>, she would have called me.
그녀가 나를 그리워했더라면
③ <u>If you heard the news</u>, you might be shocked.
네가 그 소식을 들었더라면
④ <u>If you had heard the joke</u>, you would have laughed.
　네가 그 농담을 들었더라면
⑤ <u>If she had time</u>, she would watch the movie.
그녀에게 시간이 있다면

09

다음 빈칸에 공통으로 들어갈 말로 알맞은 것은?

a. We have to keep our hands _____.
b. His room looked _____.

① to clean　　　　② clean
③ cleaning　　　 ④ cleanly
⑤ clearly

10

다음 밑줄 친 @ ~ ©에 대한 설명으로 옳지 <u>않은</u> 것은?

Mom: Hurry up! You're late!
Tom: Oh, no! @ <u>If I had magic powers, I would fly to school.</u>
Mom: ⓑ <u>If you hurry, you will be able to catch the next bus.</u>
Tom: © <u>I wish I had woken up earlier.</u>

① @: 가정법 과거 문장이다.
② @: 일어날 가능성이 없는 일에 대해 가정하고 있다.
③ ⓑ: 단순 조건문이다.
④ ⓑ: 엄마는 Tom이 서두르면 다음 버스를 탈 수 있다고 생각한다.
⑤ ©: 현재 사실에 대한 후회를 나타내고 있다.

11

다음 빈칸에 들어갈 말이 나머지와 <u>다른</u> 것은?

① Will you find my book _____ me?
② We made orange juice _____ the kids.
③ He bought some toys _____ his nephew.
④ I cooked delicious pasta _____ my sister.
⑤ How much money did you lend _____ her?

12

괄호 안의 문장과 같은 뜻이 되도록 빈칸에 들어갈 말로 바르게 짝 지어진 것은?

a. I wish I _____ more time with my kids.
(I'm sorry that I didn't spend more time with my kids.)
b. As he _____ know the rules, he couldn't play the game.
(If he had known the rules, he could have played the game.)

① spent　　　 – doesn't
② spent　　　 – didn't
③ have spent　 – didn't
④ have spent　 – doesn't
⑤ had spent　 – didn't

13 통합유형

다음 중 어법상 옳은 것끼리 바르게 짝지어진 것은?

a. They offer free coffee of their customers.
b. If I spoke Spanish fluently, I could find a job in Spain.
c. If he had had a car, he would have driven us to the airport.
d. This chocolate pie tastes terribly.

① a, b　　② a, c　　③ b, c　　④ b, d　　⑤ c, d

14

① I wish I have traveled to France.
② What would you do if you were a boy?
③ I wish I were stronger than my brother.
④ If I had been there, I could have met her.
⑤ If I had been careful, I wouldn't have made that mistake.

15

① This stew smells nice.
② They found the movie interesting.
③ Can you lend your bike to me?
④ He felt someone to touch his back.
⑤ She showed me the pictures of her dog.

16 통합유형

다음 중 빈칸에 쓰이지 <u>않는</u> 것은?

| a. My mom wants me _____ a writer. |
| b. He gave a beautiful dress _____ her. |
| c. If you were a superhero, you might _____ very popular. |
| d. She bought a diary _____ her sister. |

① be   ② for
③ to   ④ had been
⑤ to become

17 통합유형

① His boss got him <u>to drive</u> the car.
② Let me introduce <u>my friend to you</u>.
③ My grandmother told <u>me some fairy tales</u>.
④ If she <u>asks</u> me to go on a date with her, I will be glad.
⑤ If I had had enough money, I would <u>had bought</u> her flowers.

18 통합유형

① Your father looks <u>gently</u>.
② She showed her scar <u>to</u> me.
③ I wish I <u>were</u> good at playing soccer.
④ He wants me <u>to visit</u> his house someday.
⑤ If she had some free time, she <u>could go</u> to the movie with us.

19 통합유형

다음 빈칸에 have 또는 had를 쓸 때, 빈칸에 들어갈 말이 나머지와 <u>다른</u> 것은?

① I wish I _____ more time to talk.
② If Jake _____ some money, he could buy a car.
③ I wish I _____ my own house.
④ My mother makes me _____ breakfast every day.
⑤ If she _____ heard the reason, she would have understood.

20

다음 중 어법상 옳지 <u>않은</u> 것은?

① Your new perfume smells good.
② Jordan asked me stay here with him.
③ She gave me a piece of chocolate.
④ They elected her class president.
⑤ I heard you open the door.

서 · 술 · 형

21

주어진 말을 적절한 형태로 바꾸어 대화를 완성하시오.

A: My brother keeps bothering me. He often makes me angry. Do you have any brothers or sisters?
B: No, I'm an only child. If I had a brother, I _____ to him. (nice)

22

다음 우리말과 일치하도록 주어진 말을 활용하여 문장을 완성하시오.

A: Betty is angry with me. What should I do?
B: 너는 사과하기 위해 그녀에게 편지를 써야 해. (a letter, write)

→ You should _____
to apologize.

23

다음 표의 내용과 일치하도록 〈예시〉와 같이 문장을 완성하시오.

이름	지난해에 아쉬웠던 일
Laura	didn't read many books
Max	didn't visit my grandmother often
Donna	didn't save a lot of money

〈예시〉
Laura: I wish <u>I had read many books.</u>

1) Max: I wish _____.

2) Donna: I wish _____.

24

다음 예시와 같이 두 문장을 한 문장으로 쓰시오.

〈예시〉
I have my sister's camera. She let me have it.
→ My sister let <u>me have her camera.</u>

1) I'll try Turkish food. They'll get me to do that.
   → They'll get _____.

2) Emily keeps a diary. Her parents wanted her to do that.
   → Emily's parents wanted _____.

25 통합유형

다음 중 어법상 옳지 <u>않은</u> 것을 모두 찾아 바르게 고치시오. (2개)

a. Ms. Kim always makes me nervous.
b. I wish you live near my house.
c. They brought a dozen doughnuts us.
d. If we had met earlier, we could have spent more time together.

UNIT 05 가정법, 문장의 형식 　　　　　학습 확인표

모의고사 1회		
번호	문항별 출제 포인트	O/X/△
1	주어 + 동사 + 목적어 + 목적격보어 (5형식)	
2	I wish + 가정법 과거완료	
3	주어 + 감각동사 + 형용사 (2형식)	
4	4형식 문장의 3형식 전환	
5	I wish + 가정법 과거 / 가정법 과거	
6	4형식 문장의 3형식 전환	
7	목적격보어로 동사원형을 쓰는 경우 / 가정법 과거	
8	4형식 문장의 3형식 전환	
9	가정법 과거 / 가정법 과거완료	
10	가정법 / 조건문	
11	목적격보어로 to부정사를 쓰는 경우	
12	가정법 과거 / 가정법 과거완료	
13	4형식으로 착각하기 쉬운 3형식 동사	
14	가정법	
15	주어 + 수여동사 + 간접목적어 + 직접목적어 (4형식) / 주어 + 동사 + 목적어 + 목적격보어 (5형식)	
16	주어 + 동사 + 목적어 + 목적격보어 (5형식)	
17	문장의 형식 / 가정법	
18	4형식 문장의 3형식 전환 / 가정법	
19	주어 + 동사 + 목적어 + 목적격보어 (5형식) / 가정법 과거완료	
20	가정법 / 문장의 형식	
21	가정법 과거완료	
22	I wish + 가정법 과거	
23	주어 + 동사 + 목적어 + 목적격보어 (5형식)	
24	가정법	
25	문장의 형식	

모의고사 2회		
번호	문항별 출제 포인트	O/X/△
1	as if + 가정법 과거완료	
2	4형식으로 착각하기 쉬운 3형식 동사	
3	가정법 과거완료	
4	목적격보어로 동사원형을 쓰는 경우	
5	I wish + 가정법 과거완료	
6	목적격보어로 동사원형을 쓰는 경우	
7	가정법 과거	
8	가정법 과거 / 가정법 과거완료	
9	주어 + 동사 + 목적어 + 목적격보어 (5형식) / 주어 + 감각동사 + 형용사 (2형식)	
10	가정법 과거 / 조건문 / I wish + 가정법 과거완료	
11	4형식 문장의 3형식 전환	
12	I wish + 가정법 과거완료 / 가정법 과거완료	
13	문장의 형식 / 가정법	
14	가정법	
15	문장의 형식	
16	문장의 형식 / 가정법 과거	
17	문장의 형식 / 조건문 / 가정법 과거완료	
18	문장의 형식 / 가정법 과거	
19	가정법 / 주어 + 동사 + 목적어 + 목적격보어 (5형식)	
20	문장의 형식	
21	가정법 과거	
22	주어 + 수여동사 + 간접목적어 + 직접목적어 (4형식)	
23	I wish + 가정법 과거완료	
24	주어 + 동사 + 목적어 + 목적격보어 (5형식)	
25	가정법 / 문장의 형식	

Many of life's failures are people who did not realize how close they were to success when they gave up.

인생에서 실패한 사람 중 많은 이들은 성공을 목전에 두고도 모른 채 포기한 사람들이다.

- Thomas A. Edison -

누적 총정리
모의고사

누적 총정리
모의고사 1회

누적 총정리
모의고사 2회

누적 총정리
모의고사 3회

누적 총정리
모의고사 4회

누적 총정리
모의고사 5회

01

다음 주어진 문장의 밑줄 친 부분과 쓰임이 같지 <u>않은</u> 것은?

> Maggie was surprised <u>to see</u> him there.

① She was upset <u>to lose</u> the game.
② We were shocked <u>to hear</u> the news.
③ It was a great pleasure <u>to meet</u> you.
④ The actor was sad <u>to fail</u> the audition.
⑤ My brother was disappointed <u>to see</u> the results.

[02-03] 다음 빈칸에 들어갈 말로 바르게 짝지어진 것을 고르시오.

02

> a. This palace is known _____ its beautiful walls.
> b. Did you know glass is made _____ sand?

① as – of
② with – by
③ for – by
④ for – from
⑤ by – with

03

> I'm going to make an apple pie tonight. I need _____ apples and _____ sugar.

① little – a little
② few – a few
③ a few – few
④ a few – a little
⑤ a little – a few

[04-05] 다음 빈칸에 들어갈 말로 알맞은 것을 모두 고르시오. (2개)

04

> _____ room in the house was painted gray.

① Some
② Both
③ Every
④ Each
⑤ Lots of

05

> It was _____ of you to remind me of that.

① easy
② kind
③ necessary
④ thoughtful
⑤ difficult

06

다음 주어진 우리말을 영어로 바르게 옮긴 것은?

> 내가 그녀에게 꽃을 사줬더라면 좋을 텐데.

① I wish I buy her flowers.
② I wish I bought her flowers.
③ I wish I will buy her flowers.
④ I wish I had bought her flowers.
⑤ I wish I have bought her flowers.

[07-08] 다음 빈칸에 들어갈 말로 알맞은 것을 고르시오.

07

> Troy was made _____ the roof of the old lady's house.

① fix
② fixed
③ fixing
④ to fix
⑤ being fixed

08

There _____ be an old train station here before they built a shopping mall.

① may
② must
③ would
④ used to
⑤ had better

09

다음 두 문장이 같은 뜻이 되도록 빈칸에 들어갈 말로 알맞은 것은?

Charles thinks he is more intelligent than me.
→ Charles thinks I am _____ him.

① intelligent
② as intelligent as
③ not as intelligent as
④ more intelligent than
⑤ the most intelligent

[10-11] 다음 밑줄 친 부분의 쓰임이 나머지와 다른 것을 고르시오.

10 통합유형 기출응용 부산 00중 2학년

① The person that I respect most is my grandfather.
② I didn't know that you had come back home.
③ This is the car that I bought for my family.
④ Can I use the pen that you bought yesterday?
⑤ Do you know the people that live across the street?

11 기출응용 대구 00중 2학년

① I like the actor appearing in the new movie.
② Look at the man climbing up the rock!
③ The boy playing badminton is my brother.
④ Upon waking up, she prepared to go to the hospital.
⑤ People participating in the camp should wear a yellow cap.

12

다음 대화 중 어색한 것은?

① A: Have you ever studied abroad?
   B: No, I haven't, but I hope to someday.
② A: How long have you had this pain?
   B: Since last Saturday.
③ A: Have you finished packing your bags?
   B: Yes, I have.
④ A: Which cities have you been to?
   B: I've gone to Busan.
⑤ A: How long have you lived in Tokyo?
   B: I have lived there for three years.

13

다음 질문에 대한 대답으로 알맞지 않은 것은?

Q: What would you do if you had free time?
A: _____

① I would travel to Asia.
② I would play with my dog.
③ I would go to the movies.
④ I would have met my friends.
⑤ I would visit my grandmother.

14

다음 중 주어진 문장의 밑줄 친 부분과 쓰임이 같은 것은?

> I wonder if they will remember me.

① If I see her, I will tell you.
② We will stay home if we are tired.
③ If you need help, you can ask me anytime.
④ Send me an email if you have any questions.
⑤ He wasn't sure if he had made the right decision.

15

다음 빈칸에 들어갈 말이 나머지와 다른 것은?

① If I _____ over 19, I could drive.
② If he _____ free, I would hang out with him.
③ If you _____ hungry, you can eat my sandwich.
④ If there _____ no sun, every living thing would die.
⑤ If the weather _____ nice, we could go to the park.

[16-17] 다음 밑줄 친 부분 중 어법상 옳지 않은 것을 고르시오.

16

① I don't think it's worth trying.
② Oliver suggested going to the new restaurant.
③ We managed arriving at the airport on time.
④ Don't forget to bring your report tomorrow.
⑤ I remember sending you a message a week ago.

17 통합유형

① I was doing my homework at that time.
② I saw him call a taxi for Mr. Brown.
③ The new pillow I bought feels so soft.
④ The dog brought the newspaper to Mr. Martin.
⑤ My teacher told me that water flowed from a high point to a low point.

18 통합유형

다음 밑줄 친 부분이 어법상 옳은 것끼리 바르게 짝지어진 것은?

> a. Both Mary and Kayla lives in Chicago.
> b. The film itself wasn't interesting, but the actors were great.
> c. This is the elementary school in where I studied.
> d. The police arrested the man whose hair was found in the house.
> e. Despite it was very late, the restaurant was still open.

① a, b   ② a, c   ③ b, d
④ c, d   ⑤ d, e

19 통합유형

다음 밑줄 친 단어의 위치가 옳은 것을 모두 고르시오.

① It was such violent a storm.
② My sister eats a lot less than me.
③ I'll buy something to wear nice.
④ My dad usually goes hiking on Saturdays.
⑤ I'm not very hungry. I'll have light something.

20 통합유형

다음 괄호 안에 들어갈 말로 바르게 짝지어진 것은?

(A) His paintings make me feel [depressing / depressed].
(B) You should recycle [using / used] cans.
(C) No one was seen [take / to take] the elevator that day.

	(A)		(B)		(C)
①	depressing	–	using	–	take
②	depressing	–	used	–	take
③	depressed	–	using	–	to take
④	depressed	–	used	–	take
⑤	depressed	–	used	–	to take

서 · 술 · 형

21 통합유형

다음 주어진 단어를 활용하여 빈칸에 알맞은 말을 쓰시오.

Mom: You have to 1) _____ (leave) early tomorrow, Kevin.
Kevin: Don't worry. I'm used to 2) _____ (wake) up early.
Mom: If you 3) _____ (be) late, you will miss the train.

22 기출응용 대전 00중 2학년

다음 두 문장을 알맞은 관계사를 사용하여 한 문장으로 쓰시오.

1) I want to buy the sneakers. + They are on sale.
   → _____

2) I met a man. + His sister went to the same school as me.
   → _____

23 기출응용 인천 00중 2학년

다음 두 사람의 경험을 나타낸 표를 보고 주어진 단어를 활용하여 문장을 완성하시오.

	Ben	Rose
ride a horse	○	×
cook spaghetti	○	×
write love letters	○	○

1) Ben _____ _____ _____
   _____ before. (ride)

2) Rose _____ _____ _____
   _____ before. (cook)

3) Ben and Rose _____ _____
   _____ _____ before. (write)

24

다음 그림을 보고 알맞은 부정대명사를 사용하여 문장을 완성하시오.

→ Jiwon bought two caps. _____ _____
  white and _____ _____ _____
  black.

25

다음 주어진 단어를 활용하여 문장을 완성하시오.

1) Jake has a dog _____ Boris. (call)

2) I bought a cell phone _____ in China. (make)

3) The girl _____ by the door is my friend Lisa. (stand)

4) The director was upset after reading some _____ reviews of his movie. (disappoint)

01

다음 빈칸에 들어갈 말로 알맞지 <u>않은</u> 것은?

> This fruit smells very _____ .

① bad　　　② good　　　③ well
④ sweet　　⑤ sour

02 기출응용 서울 00중 2학년

다음 중 빈칸에 쓰이지 <u>않는</u> 것은?

> a. His old clothes were given _____ charity.
> b. Dinner was made _____ them by my aunt.
> c. She was surprised _____ the news.
> d. My favorite song was played _____ the band.

① for　　　② of　　　③ by
④ to　　　⑤ at

03

다음 우리말과 일치하도록 빈칸에 들어갈 말로 알맞은 것은?

> 그는 어디서 표를 사야 할지 몰랐다.
> → He didn't know _____ a ticket.

① when to buy　　　② when buy to
③ when buying　　　④ where to buy
⑤ where buy to

04

다음 빈칸에 들어갈 말로 알맞은 것은?

> If it _____ sunny this Saturday, I will go on a picnic.

① is　　　　② was
③ were　　　④ will be
⑤ has been

05

다음 대화의 빈칸에 들어갈 말로 바르게 짝지어진 것은?

> A: This copy machine _____ be broken. It's not working.
> B: Tom on the sixth floor might _____ fix it.

① must – can　　　② will – should
③ may – can　　　④ must – be able to
⑤ have to – be able to

[06-07] 다음 밑줄 친 부분이 어법상 옳지 <u>않은</u> 것을 고르시오.

06

① His speech is <u>bored</u>.
② It was an <u>amazing</u> experience.
③ They were <u>excited</u> to go skiing.
④ The patient was <u>surprised</u> at the results.
⑤ I can't stand that <u>annoying</u> sound anymore.

07

① Mr. Wang, as well as his friends, <u>is</u> from China.
② Both Jacob and Mark <u>have</u> brown eyes.
③ Either Amy or I <u>has</u> to help do the dishes.
④ Neither you nor I <u>am</u> able to speak Korean.
⑤ Not only Denmark but also Finland <u>is</u> in Northern Europe.

08

다음 그림의 내용과 일치하는 것은?

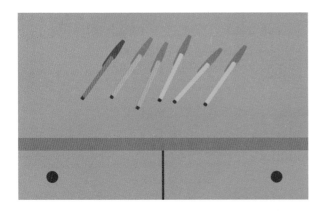

① One is red and the other is blue.
② Some are blue and the others are green.
③ One is red, others are blue and the others are green.
④ One is red, another is blue and the others are green.
⑤ Some are red, others are blue and the others are green.

[09-10] 다음 주어진 문장의 밑줄 친 부분과 쓰임이 같은 것을 고르시오.

09 기출응용 창원 00중 2학년

He <u>has lived</u> in Busan since 2013.

① She <u>has gone</u> to Tokyo.
② <u>Have</u> you ever <u>seen</u> dolphins?
③ She <u>has taken</u> yoga classes before.
④ We <u>have studied</u> biology for three years.
⑤ The train to Daegu <u>has</u> just <u>left</u> the station.

10

My grandmother loved <u>telling</u> me stories.

① Helen is <u>going</u> to the market.
② I saw a <u>burning</u> house on a hill.
③ <u>Designing</u> book covers is her job.
④ He was <u>watching</u> a drama at that time.
⑤ The blue dress <u>hanging</u> in the closet is my sister's.

[11-12] 다음 밑줄 친 부분의 역할이 나머지와 <u>다른</u> 것을 고르시오.

11

① He is the man <u>that</u> stole my bag.
② This is a house <u>that</u> was built in 1950.
③ I want to buy a painting <u>that</u> you painted.
④ I saw a man <u>that</u> was wearing a funny hat.
⑤ The cat <u>that</u> is sleeping on the table is mine.

12 기출응용 대구 00중 2학년

① <u>It</u> rained for three days.
② <u>It</u> was very nice to talk to him.
③ <u>It</u> is my goal to run a marathon.
④ <u>It</u> is important for you to be on time.
⑤ <u>It</u> was stupid of you to leave the windows open.

13

다음 주어진 우리말을 영어로 바르게 옮긴 것을 모두 고르시오.

나는 내 남동생보다 세 배 무겁다.

① I am as three times heavy as my brother.
② I am three times as heavy as my brother.
③ I am heavier three times than my brother.
④ I am three times heavier than my brother.
⑤ I am the three times heaviest than my brother.

14

다음 중 밑줄 친 부분을 생략할 수 있는 것은?

① Reina went to the movies by <u>herself</u>.
② I taught <u>myself</u> how to play the flute.
③ They made the bookshelf <u>themselves</u>.
④ Don't blame <u>yourself</u>. It was just an accident.
⑤ The fish changes its color to protect <u>itself</u>.

15 기출응용 세종 00중 2학년

다음 능동태 문장을 수동태 문장으로 바꾼 것 중 옳지 <u>않은</u> 것은?

① Ethan solved all the puzzles.
  → All the puzzles were solved by Ethan.
② An old man gave me advice.
  → Advice was given for me by an old man.
③ The staff must check all the tickets.
  → All the tickets must be checked by the staff.
④ Mr. Brown made me write the sales report.
  → I was made to write the sales report by Mr. Brown.
⑤ They will build a stadium in the middle of the city.
  → A stadium will be built in the middle of the city.

16

다음 빈칸에 들어갈 말이 나머지와 <u>다른</u> 것은?

① He told a story _____ me.
② I will send a letter _____ you.
③ He gave a picture _____ Abby.
④ She bought wine _____ the party's host.
⑤ They offer goods and services _____ their customers.

[17-19] 다음 빈칸에 공통으로 들어갈 말로 알맞은 것을 고르시오.

17 통합유형

a. Jessica used _____ to school.
b. I missed the bus, so I decided _____ home.

① walk   ② walks
③ walked   ④ to walk
⑤ walking

18 통합유형

a. I don't know _____ to park my car. I can't find a parking lot.
b. Brazil is the country _____ the most coffee is produced.

① that   ② how
③ why   ④ where
⑤ when

19 통합유형

a. _____ is better for dessert, ice cream or fruit?
b. This is the cave in _____ you can see a lot of glowworms.

① This[this]   ② That[that]
③ Who[who]   ④ Which[which]
⑤ What[what]

20 통합유형

다음 중 어법상 옳은 것끼리 바르게 짝지어진 것은?

a. I won't give up persuade him.
b. I was busy take care of my cousins.
c. John is rich enough to buy a house with a swimming pool.
d. I have a dog whom ears are big.
e. Her name is too difficult to remember.
f. I forgot putting a pot on the stove, so the kitchen was full of smoke.

① a, c, e   ② a, d, f   ③ b, c, f
④ b, d, e   ⑤ c, e, f

서 · 술 · 형

21 통합유형

다음 우리말과 일치하도록 주어진 단어를 활용하여 문장을 완성하시오.

내가 문 잠그는 것을 잊지 않았더라면, 내 물건을 도둑맞지 않았을 텐데. (forget, lock, steal)

→ If I _____ _____ _____
_____ _____ the door, my stuff
wouldn't _____ _____ _____.

22 통합유형

다음 밑줄 친 부분이 어법상 옳지 <u>않은</u> 것을 모두 찾아 바르게 고치시오. (2개)

My name is Jina. I live in Seoul, Korea. I would like <u>to tell</u> you about the Cheongyecheon today. The Cheongyecheon is a stream <u>that</u> runs through Seoul. <u>That</u> I love most about it is its beautiful night scenery. Many people enjoy <u>to take</u> walks along it at night.

---

23 기출응용 서울 00중 2학년

다음 두 문장을 우리말과 일치하도록 **as~as** 구문을 이용해 한 문장으로 쓰시오.

- Peter is 180 cm tall.
- Jack is 180 cm tall, too.

Peter는 Jack만큼 키가 크다.

→ _____

24

다음 〈보기〉에서 알맞은 것을 골라 문장을 완성하시오.

〈보기〉 each   either   neither   or   nor   all

1) There are six pages in the contract. _____ page has a place for you to sign.

2) You have two choices. You can take _____ a taxi _____ the shuttle bus.

25 통합유형

다음 글에서 어법상 옳지 <u>않은</u> 것을 모두 찾아 바르게 고치시오. (3개)

Adriana is a famous writer. A lot of novels were written by her. *The Wind and the Rain* is the interesting book I have ever read. People love read her books and send a lot of fan letters of her. Adriana sometimes gets inspiration from those letters.

01

다음 괄호 안의 단어가 들어갈 위치로 알맞은 것은?

> I saw the word "tardy" in a book, so I ⓐ looked ⓑ it ⓒ in ⓓ the dictionary ⓔ. (up)

① ⓐ   ② ⓑ   ③ ⓒ   ④ ⓓ   ⑤ ⓔ

02 통합유형

다음 빈칸에 공통으로 들어갈 말로 알맞은 것은?

> a. They were asked _____ the question.
> b. I wasn't able _____ my phone.

① answer   ② answered
③ answers   ④ to answer
⑤ answering

03

다음 밑줄 친 부분이 어법상 옳지 않은 것은?

① My father was born in 1971.
② Joyce has just finished her work.
③ She has watched the news two hours ago.
④ Are you going on a picnic this weekend?
⑤ David and Sally were arguing when I visited them.

[04-05] 다음 밑줄 친 부분의 의미가 나머지와 다른 것을 고르시오.

04

① May I use your cell phone?
② The team may win their next game.
③ I may be late. I've just missed the bus.
④ Air pollution may cause health problems.
⑤ He may not have enough money to pay rent.

05

① Fred hasn't called me since he went to Lisbon.
② Since you cooked dinner, I will do the dishes.
③ I have had a stomachache since I ate sushi last night.
④ Ms. Sun has lived in Seoul since she left Jeonju in 2017.
⑤ No one has moved into this building since it was built last month.

06 기출응용 양주 00중 2학년

다음 주어진 문장의 밑줄 친 부분과 쓰임이 같지 않은 것은?

> I didn't think that the musical was very good.

① It is true that he hunted a tiger.
② Did you see the key that was on the table?
③ Do you know that he was born in Russia?
④ The problem is that he doesn't respect others.
⑤ It's amazing that babies learn to walk and speak.

07

다음 중 문장의 형식이 나머지와 다른 것은?

① You should tell her the truth.
② Can you get me a glass of water?
③ I bought my sister earrings for her birthday.
④ The host named his small hotel the Paradise Inn.
⑤ Mr. Gonzales will teach us Spanish starting next year.

08

다음 두 문장이 같은 뜻이 되도록 빈칸에 들어갈 말로 알맞은 것은?

> I want to speak English as often as I can.
> → I want to speak English _____.

① more often than I can
② often than I can
③ as more often as possible
④ as most often as possible
⑤ as often as possible

[09~11] 다음 빈칸에 들어갈 말로 바르게 짝지어진 것을 고르시오.

09

> a. This orange smells _____.
> b. Our teacher made us _____ a diary.

① nice   – keep
② nice   – to keep
③ nice   – keeping
④ nicely   – to keep
⑤ nicely   – keeping

10

> a. I found _____ hard to concentrate on his lecture.
> b. _____ him talk, you wouldn't believe he's a child.

① it   – Hear
② it   – Heard
③ it   – To hear
④ this   – To hear
⑤ this   – Heard

11

> a. _____ a left turn, you will see the building.
> b. Hans was reading a book _____ in French.

① Make   – write
② Make   – written
③ Making   – writing
④ Making   – written
⑤ Making   – to write

12

다음 괄호 안의 단어가 들어갈 위치로 바르게 짝지어진 것은?

> a. I ⓐ buy ⓑ things ⓒ at ABC Supermarket ⓓ. (usually)
> b. These shoes are popular, sir. Would you like ⓐ to ⓑ try ⓒ on ⓓ? (them)

① ⓐ – ⓑ   ② ⓐ – ⓒ
③ ⓑ – ⓓ   ④ ⓒ – ⓑ
⑤ ⓓ – ⓓ

13

다음 빈칸에 공통으로 들어갈 말로 알맞은 것은?

> a. She bought the computer _____ my brother recommended.
> b. This is the house in _____ I used to live.

① how   ② that
③ what   ④ which
⑤ where

14 통합유형

(A) When my sister [comes / will come] home, we will have dinner.
(B) If you [go / will go] to sleep before midnight, you will feel less tired.
(C) She had to quit her job [because / because of] health problems.

	(A)	(B)	(C)
①	comes	– go	– because
②	comes	– go	– because of
③	comes	– will go	– because
④	will come	– go	– because of
⑤	will come	– will go	– because of

15

(A) Erica didn't watch the musical. But she talks as if she [watched / had watched] it.
(B) If I [have had / had had] more money, I could have bought that dress.
(C) I wish I [live / lived] near the sea.

	(A)	(B)	(C)
①	watched	– have had	– live
②	watched	– had had	– lived
③	had watched	– have had	– live
④	had watched	– had had	– live
⑤	had watched	– had had	– lived

16 기출응용 평택 00중 2학년

다음 빈칸에 들어갈 말로 알맞지 않은 것은?

My doctor _____ me to stay in bed for about two days.

① told   ② let
③ wanted   ④ asked
⑤ advised

17 통합유형

① My sister is not good at keeping secrets.
② What are you doing this afternoon?
③ The author has written three books so far.
④ We look forward to hear your opinion about our products.
⑤ I woke up because of the loud noise coming from your house.

18 통합유형

① This jacket is made of leather.
② Tony was welcomed by his host family in Korea.
③ Boarding a plane was a terrified experience for her.
④ Being injured, the player couldn't participate in the game.
⑤ Seventy percent of the earth's surface is covered with water.

19 통합유형

다음 짝지어진 두 문장의 의미가 같지 않은 것은?

① The child started to yell.
  The child started yelling.
② The rain continued to fall all day long.
  The rain continued falling all day long.
③ Dad forgot to turn off the headlights.
  Dad forgot turning off the headlights.
④ You need to eat more unless you are on a diet.
  You need to eat more if you are not on a diet.
⑤ The bus was too crowded to take more passengers.
  The bus was so crowded that it couldn't take more passengers.

20 통합유형

다음 중 (A) ~ (E)에 대해 바르게 설명하고 있지 <u>않은</u> 사람은?

> I'm going to tell you about the person (A) [which / whom] I love the most in the world. He is my dad. He always tries (B) [having / to have] a good time with me. He gives (C) [me / to me] good advice, too. (D) [It / That] is his birthday on Saturday. As he enjoys (E) [to read / reading] magazines, I want to buy some for him.

① 지희: (A) 선행사가 사람이니까 관계대명사 whom을 써야 해.
② 재광: (B) 문맥상 '~하려고 노력하다'라는 의미가 알맞으니 having이 와야 해.
③ 윤이: (C) 「수여동사 + 간접목적어 + 직접목적어」 순서가 되어야 하니까 me가 맞아.
④ 성용: (D) 날짜를 나타내고 있으니까 비인칭 주어 It을 써야 해.
⑤ 설미: (E) 동사 enjoy는 동명사를 목적어로 쓰니까 reading이 와야 해.

서·술·형

21

다음 제시된 조건에 맞게 주어진 우리말을 영어로 바르게 옮기시오.

1) 내 이름을 부르면서, 내 여동생은 내 방으로 뛰어 들어왔다.
⟨동사 call과 분사구문 사용⟩

→ _____, my sister ran into my room.

2) 나는 Jake가 나에게 말한 것을 믿지 않는다.
⟨동사 tell과 관계대명사 what 사용⟩

→ I don't believe _____.

22 기출응용 수원 00중 2학년

다음 쪽지를 보고 아래 문장을 완성하시오.

> Jinho, clean your room, please.
> Also, help your sister with her homework.
> - Mom

Q: What did Jinho's mom ask Jinho to do?
A: She asked him 1) _____.
   She also asked him 2) _____
   with her homework.

23

다음 문장에서 생략할 수 있는 부분이 없으면 X, 있으면 O 표시하고 생략할 수 있는 부분에 밑줄을 그으시오.

1) Eunbi is a student who majors in English. (   )

2) I want to go to the bookstore which is located near your house. (   )

24

다음 그림과 일치하도록 빈칸에 알맞은 말을 써 넣으세요.

Last week / Today

→ Minsoo _____ _____ sick _____ last week.

25

다음 4형식 문장을 3형식 문장으로 바꾸어 쓰시오.

1) My friend in Paris often sends me emails.

→ _____

2) Could you buy me a pen and paper?

→ _____

[01-02] 다음 밑줄 친 부분의 의미가 나머지와 <u>다른</u> 것을 고르시오.

01

① They <u>must</u> wear a uniform.
② Visitors <u>must</u> show their ID cards.
③ You <u>must</u> answer all the questions.
④ Her eyes are closed. She <u>must</u> be asleep.
⑤ You <u>must</u> wait in line to use the restroom.

02

① <u>Since</u> the river was polluted, all the fish died.
② <u>Since</u> her sister was busy, Anna had to play alone.
③ I have enjoyed eating sushi <u>since</u> I first tried it in Japan.
④ Chris spent a lot of time with Hanna <u>since</u> they lived close to each other.
⑤ Animals came down to the town <u>since</u> they couldn't find food in the mountains.

03

다음 그림의 내용과 일치하는 것은?

① Kate planned to throw away her luggage.
② Kate forgot to put her luggage in the closet.
③ Kate forgot putting her luggage in the closet.
④ Kate remembered to put her luggage in the closet.
⑤ Kate remembered putting her luggage in the closet.

04

다음 중 문장의 의미가 나머지와 <u>다른</u> 것은?

① Benny gave me an old book.
② Benny gave an old book to me.
③ I was given an old book by Benny.
④ Benny was given an old book by me.
⑤ An old book was given to me by Benny.

[05-07] 다음 밑줄 친 부분이 어법상 옳지 <u>않은</u> 것을 고르시오.

05

① Today is <u>hotter</u> than yesterday.
② He's the <u>richest</u> man in the town.
③ I feel <u>happier</u> when I'm with Cathy.
④ This is the <u>biggest</u> fish I've ever caught.
⑤ Which one is <u>cheapest</u>, this one or that one?

06

① His art class is really <u>boring</u>.
② I feel <u>depressed</u> on rainy days.
③ She was <u>confusing</u> by his directions.
④ Mountain climbing is a <u>tiring</u> activity.
⑤ I was <u>excited</u> to go to the amusement park.

07 통합유형

① The girl tried not to cry.
② Barcelona is a nice city to live in.
③ I need something clean to wear.
④ I don't understand why to play the game.
⑤ The clerk is used to standing for long periods of time.

08 통합유형

다음 짝지어진 대화가 어색한 것은?

① A: How was the book?
   B: It was worth reading. I recommend it.
② A: How about eating out tonight?
   B: That sounds great.
③ A: I don't know who to vote for in the election.
   B: I think Clara is the best choice.
④ A: What is your brother doing?
   B: He is busy playing computer games.
⑤ A: Here is your money. Thanks.
   B: Oh, I forgot to lend you some money.

09

다음 글의 빈칸에 들어갈 말로 바르게 짝지어진 것은?

> A: What did you get for Christmas?
> B: My mom bought a pair of gloves _____ me.
> C: My sister sent a box of chocolate _____ me.

① to – for   ② to – to
③ for – of   ④ for – to
⑤ of – for

10

다음 짝지어진 두 문장의 의미가 같지 않은 것은?

① I wish I were a football player.
   I'm sorry that I'm not a football player.
② If she had come early, she could have met Taylor.
   As she didn't come early, she couldn't meet Taylor.
③ I wish I had not been rude to her.
   I'm sorry that I am rude to her.
④ If you had bought two sandwiches, you could have got free coffee.
   As you didn't buy two sandwiches, you couldn't get free coffee.
⑤ They look as if they had won the championship.
   In fact, they didn't win the championship.

11 기출응용 서울 00중 2학년

다음 밑줄 친 부분의 우리말 해석이 옳지 않은 것은?

① She has gone to Greece.
   간 적이 있다
② The match has already started.
   이미 시작했다
③ I have met Mr. Green once.
   만난 적이 있다
④ We have chased the suspect for three days.
   추적해 왔다
⑤ They have never seen snow.
   본 적이 없다

12

다음 중 밑줄 친 부분을 생략할 수 없는 것은?

① Do you remember the place where we met?
② I ate some chocolate which was made in France.
③ Emily helped the tourist whose bag was stolen.
④ Nancy told me the news that she heard from John.
⑤ Please let me know the reason why she's absent.

13

다음 우리말을 영어로 바르게 옮기지 <u>않은</u> 것은?

① 나는 산책하고 싶다.
→ I feel like going for a walk.
② 나는 이 비싼 선글라스를 산 것을 후회한다.
→ I regret buying these expensive sunglasses.
③ 그 소년은 시험 삼아 눈을 감고 걸어 보았다.
→ The boy tried walking with his eyes closed.
④ 관광객들은 사진을 찍기 위해 멈추었다.
→ The tourists stopped taking pictures.
⑤ 동물들은 겨울에 먹을 것을 찾는 데 어려움을 겪는다.
→ Animals have difficulty finding food in winter.

14 기출응용 서울 00중 2학년

다음 능동태 문장을 수동태 문장으로 바르게 고친 것은?

She takes care of homeless people.

① Homeless people are taken by her.
② Homeless people are taken of her.
③ Homeless people are taken care of her.
④ Homeless people are taken care by her.
⑤ Homeless people are taken care of by her.

15

다음 빈칸에 들어갈 말로 알맞지 <u>않은</u> 것은?

a. ___①___ feeling well, I went back home early.
→ ___②___ I didn't feel well, I went back home early.
b. ___③___ alone, I always read the sentences aloud.
→ ___④___ I study alone, I always read the sentences aloud.
c. As she wrote a letter, she thought about him.
→ ___⑤___ a letter, she thought about him.

① Not   ② Because   ③ Studying
④ When   ⑤ Written

16 통합유형

다음 빈칸에 many 또는 much를 쓸 때, 빈칸에 들어갈 말이 나머지와 <u>다른</u> 것은?

① He has _____ fans in Korea.
② Rosa was _____ taller than Jina.
③ Don't spend too _____ money on shopping.
④ His new bag is _____ bigger than his old bag.
⑤ I can't find _____ information on this website.

17 통합유형

다음 중 밑줄 친 that을 생략할 수 <u>없는</u> 것은?

① She thinks <u>that</u> he was rude.
② I believe <u>that</u> I can be the champion.
③ He is an actor <u>that</u> is famous in Korea.
④ Did you finish the book <u>that</u> I gave you?
⑤ I ate the delicious spaghetti <u>that</u> she made.

18 통합유형

다음 그림의 내용과 일치하는 것을 모두 고르시오. (3개)

① Both teddy bears are yellow.
② Some are teddy bears, and others are robots.
③ Each teddy bear is a different color.
④ One is a robot, and the others are teddy bears.
⑤ There are not only teddy bears but also a robot.

19 통합유형

다음 중 어법상 옳지 <u>않은</u> 문장은?

> I visited New York last week. ① I bought some gifts for my friends. Mia said, ② "I wish I had a postcard of the Statue of Liberty." ③ So I gave Mia a Statue of Liberty postcard. Ron said, ④ "If I were in New York, I will visit Central Park." ⑤ So I gave a photo of Central Park to him.

20 기출응용 부산 00중 2학년

다음 문장을 수동태 또는 능동태 문장으로 전환한 것 중 옳지 <u>않은</u> 것은?

① He was called "Bear" by his friends.
→ His friends called him "Bear."
② My grandfather wrote this book.
→ This book was written by my grandfather.
③ Her garden was covered with snow.
→ Snow covered her garden.
④ They laughed at me because of my mistake.
→ I was laughed by them because of my mistake.
⑤ Ollie bought her some flowers.
→ Some flowers were bought for her by Ollie.

서·술·형

21

다음 우리말과 일치하도록 주어진 단어를 활용하여 문장을 완성하시오.

> 그들은 무척 힘이 넘치는 소년들이구나! (such, energetic)

→ They are _____!

22

다음 밑줄 친 부분이 어법상 옳으면 O, 틀리면 X 표시하고 바르게 고쳐 쓰시오.

1) He denied <u>to see</u> her last night. (   )

2) <u>Running</u> a bookstore is my goal. (   )

3) It was silly <u>for her</u> to make the same mistake. (   )

23 기출응용 서울 00중 2학년

다음 그림과 일치하도록 〈조건〉에 맞게 문장을 완성하시오.

> 〈조건〉
> · 형용사 comfortable을 사용하여 두 대상을 비교할 것
> · 원급을 사용한 문장에는 not을, 비교급을 사용한 문장에는 a lot을 꼭 사용할 것

1) 원급을 사용한 문장
→ The chair is _____.

2) 비교급을 사용한 문장
→ The sofa is _____.

24

다음 문장의 밑줄 친 부분을 괄호 안의 지시대로 바꾸어 문장을 다시 쓰시오.

1) This is the house <u>where</u> Mr. Wilson was born.
〈전치사 + 관계대명사〉
→ _____

2) I like this shirt's design but not its color. Do you have a white <u>shirt</u>? 〈부정대명사〉
→ I like this shirt's design but not its color.
_____

25

다음 문장을 〈조건〉에 맞게 바꾸어 쓰시오.

> 〈조건〉
> · 주어진 문장과 반대되는 상황을 가정할 것
> · 문장의 시제에 주의할 것

1) As he didn't study hard, he couldn't be a lawyer.
→ If _____

2) I'm sorry that I don't speak English well like you.
→ I wish _____

누적 총정리 모의고사 5회

| 시험일 | 월 | 일 | 소요시간 | 분 | 채점 | /25개 |

[01-02] 다음 빈칸에 들어갈 말로 알맞지 <u>않은</u> 것을 고르시오.

01

If Mina were good at English, she could _____
_____.

① travel to the USA
② passed the English test
③ write a diary in English
④ have more foreign friends
⑤ speak with people from England

02

I _____ my brother to do the laundry.

① told
② made
③ wanted
④ asked
⑤ got

03

다음 그림과 일치하는 문장을 모두 고르시오. (2개)

6kg   2kg

① The cat is as heavy as the dog.
② The dog is not heavier than the cat.
③ The dog is three times as heavy as the cat.
④ The cat is three times as heavy as the dog.
⑤ The dog is three times heavier than the cat.

04

다음 그림과 일치하도록 빈칸에 들어갈 말로 바르게 짝지어진 것은?

There are four flowers in the vase. _____ is
white and _____ are pink.

① One – others
② One – another
③ One – the others
④ Some – the others
⑤ Some – others

05

다음 빈칸에 들어갈 말로 알맞은 것을 모두 고르시오. (2개)

Mr. Lee is a doctor _____ treats poor
people for free.

① who
② which
③ what
④ that
⑤ whom

06 통합유형

다음 밑줄 친 단어의 위치가 옳은 것은?

① You should take your sunglasses off.
② My house is as <u>not</u> big as his house.
③ There is <u>wrong</u> something with my computer.
④ I have <u>always</u> an apple in the morning.
⑤ That <u>singing on the stage</u> boy is amazing.

[07-08] 다음 빈칸에 들어갈 말로 바르게 짝지어진 것을 고르시오.

07

> a. It is no use _____ to persuade him.
> b. I am tired of _____ about her trip to America.

① try – hear
② to try – to hear
③ to try – hearing
④ trying – to hear
⑤ trying – hearing

08 통합유형 기출응용 서울 00중 2학년

> a. He is one of the bravest _____ in history.
> b. I felt _____ when he didn't remember my name.

① man – disappoint
② man – disappointing
③ man – disappointed
④ men – disappointing
⑤ men – disappointed

[09-10] 다음 주어진 문장의 밑줄 친 부분과 쓰임이 같은 것을 고르시오.

09

> The plays written by Shakespeare are very popular.

① I was amazed by the sunrise.
② Left alone, the boy started to cry.
③ The cat is taken care of by Tommy.
④ The furniture made with walnut is expensive.
⑤ We have known each other since we were young.

10 기출응용 서울 00중 2학년

> She has just completed her mission successfully.

① Jenny has lost her bag.
② Have you heard the song?
③ He has not had dinner yet.
④ Have you ever eaten snails?
⑤ I have studied Chinese for two years.

[11-12] 다음 중 어법상 옳지 않은 것을 고르시오.

11 통합유형

① It is foolish of you to believe him.
② I found it difficult not to drink coffee.
③ It is not easy to live with several roommates.
④ Please tell me how should I dress for the event.
⑤ The girl was depressed and couldn't help crying.

12 통합유형

① What about going to the concert?
② It is natural for you to be surprised.
③ Jessica left without saying goodbye.
④ He avoided telling the truth in court.
⑤ I couldn't run enough fast to win the race.

13

다음 중 우리말 해석이 옳지 <u>않은</u> 것은?

① She had a few strawberries for breakfast.
  그녀는 아침 식사로 딸기를 몇 알 먹었다.
② Were there many people at the festival?
  축제에 많은 사람들이 있었니?
③ She gave a little advice to me.
  그녀는 나에게 조언을 거의 해 주지 않았다.
④ He had few books in his house.
  그의 집에는 책이 거의 없었다.
⑤ There was little furniture in the room.
  그 방에는 가구가 거의 없었다.

14

다음 두 문장이 같은 뜻이 되도록 빈칸에 들어갈 말로 바르게 짝지어진 것은?

> If she had not fastened her seat belt, she wouldn't have survived.
> → As she _____ her seat belt, she _____.

① fastens   –   survives
② fastened   –   survives
③ fastened   –   survived
④ didn't fasten   –   has survived
⑤ fastens   –   will survive

15

다음 중 어법상 옳지 <u>않은</u> 것끼리 바르게 짝지어진 것은?

> a. It was so hot that I turned on a fan.
> b. I had dinner during my brother was sleeping.
> c. There will be no available seat if you will be late.
> d. He was annoyed because of the noise.

① a, b   ② a, c   ③ b, c
④ b, d   ⑤ c, d

16 통합유형

다음 밑줄 친 부분이 어법상 옳은 것을 모두 고르시오. (3개)

① He <u>himself</u> made this desk.
② Every child <u>are</u> unique and special.
③ If something <u>happens</u>, I will call you.
④ <u>What</u> I want to be is a famous actor.
⑤ Look at those women. Both <u>is</u> wearing a red dress.

17 통합유형

다음 빈칸에 쓰이지 <u>않는</u> 것은?

> a. He took _____ his hat.
> b. *The Lion King* is such _____ interesting movie!
> c. Who works harder, Jake _____ Chris?
> d. The second book is not as good _____ the first one.

① off   ② an   ③ and
④ or   ⑤ as

[18-19] 다음 괄호 안에 들어갈 말로 바르게 짝지어진 것을 고르시오.

18 통합유형

> (A) Thank you for [invite / inviting] me.
> (B) It was kind [of / for] you to lend me your jacket.
> (C) The room was too dark [to see / seeing] anything.

	(A)	(B)	(C)
①	invite	of	to see
②	invite	for	seeing
③	inviting	for	to see
④	inviting	of	to see
⑤	inviting	of	seeing

19 통합유형

(A) I need someone [to talk / to talk to].
(B) [It / That] is not my job to answer the phone.
(C) Meeting new people [is / are] a benefit of traveling.

	(A)		(B)		(C)
①	to talk	–	It	–	is
②	to talk	–	That	–	are
③	to talk to	–	It	–	are
④	to talk to	–	It	–	is
⑤	to talk to	–	That	–	is

20

다음 괄호 안의 단어가 들어갈 위치로 알맞은 것은?

She ⓐ made ⓑ a rule ⓒ to take a walk ⓓ for an hour after dinner ⓔ. (it)

① ⓐ   ② ⓑ   ③ ⓒ   ④ ⓓ   ⑤ ⓔ

21

다음 〈보기〉에서 알맞은 말을 골라 빈칸에 쓰시오.

〈보기〉	to	for	of

1) Jeremy gave advice _____ Sasha.

2) He will make a cup of coffee _____ her.

22

다음 그림과 일치하도록 빈칸에 알맞은 말을 쓰시오.

→ There are two apples in the basket. _____ is red and _____ _____ is green.

23

다음 밑줄 친 부분이 어법상 옳으면 O, 틀리면 X 표시하고 바르게 고쳐 쓰시오.

1) The trees grew taller and taller. (   )

2) A laptop is the most useful than a desktop computer. (   )

3) I will hand in my report on Monday. (   )

4) Having not a bike, she had to walk home. (   )

24 기출응용 대전 00중 2학년

다음 우리말과 일치하도록 빈칸에 알맞은 말을 쓰시오.

내가 집에 돌아왔을 때, Nick은 잠을 자고 있었다.
→ When I _____ back home, Nick _____ _____.

25 기출응용 부산 00중 2학년

다음 능동태 문장을 수동태 문장으로 바꿔 쓰시오.

1) They sent Dorothy an invitation.
  → Dorothy _____.
  → An invitation _____.

2) We saw two strangers entering the building.
  → _____

MEMO

MEMO

MEMO

MEMO

MEMO

MEMO

지은이

NE능률 영어교육연구소

NE능률 영어교육연구소는 혁신적이며 효율적인 영어 교재를 개발하고
영어 학습의 질을 한 단계 높이고자 노력하는 NE능률의 연구조직입니다.

중학영문법 총정리 모의고사 〈LEVEL 2〉

펴 낸 이	주민홍
펴 낸 곳	서울특별시 마포구 월드컵북로 396(상암동) 누리꿈스퀘어 비즈니스타워 10층
	㈜NE능률 (우편번호 03925)
펴 낸 날	2021년 1월 5일 개정판 제1쇄
	2024년 6월 15일 제10쇄
전　　화	02 2014 7114
팩　　스	02 3142 0356
홈페이지	www.neungyule.com
등록번호	제1-68호
I S B N	979-11-253-3464-4
정　　가	12,000원

NE 능률

고객센터

교재 내용 문의 : contact.nebooks.co.kr (별도의 가입 절차 없이 작성 가능)
제품 구매, 교환, 불량, 반품 문의 : 02-2014-7114
☎ 전화문의는 본사 업무시간 중에만 가능합니다.

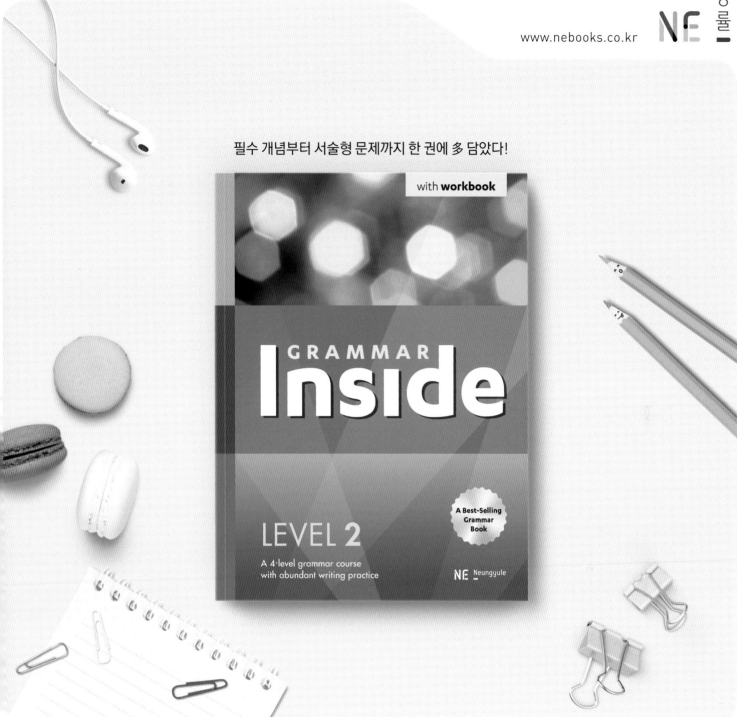

NE능률 교재 MAP

문법
구문

아래 교재 MAP을 참고하여 본인의 현재 혹은 목표 수준에 따라 교재를 선택하세요.
NE능률 교재들과 함께 영어실력을 쑥쑥~ 올려보세요!
MP3 등 교재 부가 학습 서비스 및 자세한 교재 정보는 www.nebooks.co.kr 에서 확인하세요.

초1-2	초3	초3-4	초4-5	초5-6
	그래머버디 1	그래머버디 2	그래머버디 3	Grammar Bean 3
	초등영어 문법이 된다 Starter 1	초등영어 문법이 된다 Starter 2	Grammar Bean 1	Grammar Bean 4
		초등 Grammar Inside 1	Grammar Bean 2	초등영어 문법이 된다 2
		초등 Grammar Inside 2	초등영어 문법이 된다 1	초등 Grammar Inside 5
			초등 Grammar Inside 3	초등 Grammar Inside 6
			초등 Grammar Inside 4	

초6-예비중	중1	중1-2	중2-3	중3
능률중학영어 예비중	능률중학영어 중1	능률중학영어 중2	Grammar Zone 기초편	능률중학영어 중3
Grammar Inside Starter	Grammar Zone 입문편	1316 Grammar 2	Grammar Zone 워크북 기초편	문제로 마스터하는 중학영문법 3
원리를 더한 영문법 STARTER	Grammar Zone 워크북 입문편	문제로 마스터하는 중학영문법 2	1316 Grammar 3	Grammar Inside 3
	1316 Grammar 1	Grammar Inside 2	원리를 더한 영문법 2	열중 16강 문법 3
	문제로 마스터하는 중학영문법 1	열중 16강 문법 2	중학영문법 총정리 모의고사 2	중학영문법 총정리 모의고사 3
	Grammar Inside 1	원리를 더한 영문법 1	쓰기로 마스터하는 중학서술형 2학년	쓰기로 마스터하는 중학서술형 3학년
	열중 16강 문법 1	중학영문법 총정리 모의고사 1	중학 천문장 3	
	쓰기로 마스터하는 중학서술형 1학년	중학 천문장 2		
	중학 천문장 1			

예비고-고1	고1	고1-2	고2-3	고3
문제로 마스터하는 고등영문법	Grammar Zone 기본편 1	필히 통하는 고등 영문법 실력편	Grammar Zone 종합편	
올클 수능 어법 start	Grammar Zone 워크북 기본편 1	필히 통하는 고등 서술형 실전편	Grammar Zone 워크북 종합편	
천문장 입문	Grammar Zone 기본편 2	TEPS BY STEP G+R Basic	올클 수능 어법 완성	
	Grammar Zone 워크북 기본편 2		천문장 완성	
	필히 통하는 고등 영문법 기본편			
	필히 통하는 고등 서술형 기본편			
	천문장 기본			

수능 이상/ 토플 80-89 · 텝스 600-699점	수능 이상/ 토플 90-99 · 텝스 700-799점	수능 이상/ 토플 100 · 텝스 800점 이상		
TEPS BY STEP G+R 1	TEPS BY STEP G+R 2	TEPS BY STEP G+R 3		

중학영문법

총정리
모의고사

내·신·상·위·권·을·위·한

정답 및 해설

2 LEVEL

NE 능률

중학영문법

총정리
모의고사

2 LEVEL

정답 및 해설

UNIT 01 | 모의고사

1회

1 ③ 2 ④ 3 ① 4 ⑤ 5 ③ 6 ④ 7 ⑤ 8 ④ 9 ② 10 ③
11 ⑤ 12 ① 13 ⑤ 14 ③ 15 ② 16 ③ 17 ④ 18 ③
19 ③, ⑤ 20 ④ 21 1) The rumor will be spread by the villagers. 2) The pizza must be delivered in an hour.
22 1) been 2) have 3) did 23 1) My sister made me clean the windows. 2) I gave my cat a new toy. 또는 I gave a new toy to my cat. 24 1) is listening 2) had better 25 1행: asking → ask / 2행: are → were / 6행: finish → to finish

01 조동사 may

해석 ① Brian은 수업에 늦을지도 모른다. ② 우리는 내년에 이탈리아로 여행을 갈지도 모른다. ③ 너는 콘서트에 가도 좋다. ④ 그녀는 너의 전화번호를 모를지도 모른다. ⑤ 그는 도서관에서 공부하고 있을지도 모른다.

해설 ③의 밑줄 친 may는 '~해도 좋다'라는 의미의 〈허가〉를 나타내고, 나머지는 모두 '~일지도 모른다'라는 〈약한 추측〉을 나타낸다.

어휘 library 도서관

02 조동사 must

해석 그녀는 Amy의 언니임에 틀림없다. 그들은 닮았다.
① 나는 저녁 식사 전에 집에 도착해야 한다. ② 그들은 오늘 그 일을 끝내야 한다. ③ 너는 나가기 전에 에어컨을 꺼야 한다. ④ 엄마는 우리에게 화가 나신 게 틀림없다. ⑤ 우리는 어린이 보호구역에서 천천히 운전해야 한다.

해설 주어진 문장과 ④의 밑줄 친 must는 '~임에 틀림없다'라는 의미의 〈강한 추측〉을 나타내고, 나머지는 모두 '~해야 한다'라는 〈필요·의무〉를 나타낸다.

어휘 alike 비슷한 air conditioner 에어컨 school zone 어린이 보호구역

03 현재시제 / 과거시제

해석 ② 그녀는 지난달에 여덟 권의 책을 읽었다. ③ 나는 어제 카페에서 Daisy를 만났다. ④ 그는 요즘 체육관에서 운동한다. ⑤ 우리는 2년 전에 일본을 방문했다.

해설 ①의 문장(물은 섭씨 0도에서 언다.)처럼 과학적 사실을 나타낼 때는 현재시제를 써야 한다. (froze → freezes)

어휘 freeze 얼다 (freeze - froze - frozen)

04 조동사

해석 ① 그녀는 그의 여자친구일 리가 없다. ② 너는 밤 11시 전에 집에 와야 한다. ③ 그는 저녁 식사 전에 숙제를 해야 했다. ④ 우리는 빨간 불일 때 길을 건너서는 안 된다. ⑤ 너는 정장을 입을 필요는 없다.

해설 don't have to는 '~할 필요 없다'라는 뜻의 〈불필요〉를 나타내므로, ⑤의 밑줄 친 부분은 '입을 필요는 없다'라고 해석하는 것이 적절하다.

어휘 cross 건너다 suit 정장

05 시제 일치

해설 ③ 과학적 사실은 주절의 시제와 관계없이 항상 현재시제로 쓴다.

어휘 Jupiter 목성

06 조동사

해석 a. 제 머리카락을 잘라야 할까요? d. 너는 이 건물에 들어오면 안 된다.

해설 b. 조동사는 연달아 쓸 수 없다. (will can use → will be able to use) / c. 〈과거의 상태〉를 나타내는 조동사 used to 뒤에는 항상 동사원형이 와야 한다. (being → be)

어휘 get a haircut 머리를 자르다

07 진행형으로 쓰지 않는 동사

해석 그녀는 사과 파이를 _____ 있다.
① 들고 ② 만들고 ③ 제공하고 ④ 사고 ⑤ 좋아하고

해설 ⑤ like처럼 〈감정〉을 나타내는 동사는 진행형으로 쓰지 않는다.

08 수동태의 시제 / 5형식 문장의 수동태

해석 (A) 이 사진은 2년 전에 찍혔다. (B) 그가 그의 아버지의 차를 운전하는 것이 목격되었다. (C) 그녀는 그녀의 부모님에 의해 벌을 받을 것이다.

해설 (A) 과거를 나타내는 표현 two years ago와 함께 쓰였으므로 「be동사의 과거형 + v-ed」 형태의 과거시제 수동태가 적절하다. / (B) 지각동사 see가 쓰인 5형식 문장의 수동태에서 목적격보어는 현재분사나 to부정사 형태로 쓰여야 한다. / (C) 미래시제의 수동태 「will be v-ed」의 be가 쓰여야 한다.

어휘 punish 처벌하다, 벌주다

09 진행형 / 수동태

해석 ① 나는 차를 한 잔 만들고 있다. ② 이 책은 아이들을 위해 만들어졌다. ③ Adam은 차고에서 의자를 만들고 있다. ④ 그는 부엌에서 오믈렛을 만들고 있었니? ⑤ Tommy는 지금 변명거리를 만들고 있다.

해설 ②의 주어 This book은 동작을 당하는 대상이므로 동사는 「be동사 + v-ed」 형태의 수동태가 되어야 한다. 따라서 빈칸에는 made가 들어가야 한다. 나머지는 모두 진행형 문장으로, 빈칸에는 making이 들어간다.

어휘 excuse 변명

10 시제

해석 b. 나는 도서관에서 책을 한 권 읽고 있었다. c. Ben은 매일 8시 뉴

스를 본다.   e. 네가 가장 좋아하는 텔레비전 프로그램이 5분 뒤에 시작된다.

해설 a. want, love, hate 등과 같이 〈소유·감정〉을 나타내는 동사는 진행형으로 쓰지 않는다. (am wanting → want) / d. 〈경험〉을 나타내는 현재완료형은 「have v-ed」이며 현재완료형의 의문문은 「Have + 주어 + v-ed」의 형태로 쓴다. (did → have)

11 by 이외의 전치사를 쓰는 수동태

해석 ① 나는 그 소식에 놀랐다.   ② 지붕들은 눈으로 덮여 있다.   ③ 그녀는 그들의 서비스에 만족했다.   ④ 이 장소는 많은 관광객들에게 알려져 있다.

해설 ⑤ '~으로 가득 차다'의 의미를 가진 수동태 표현은 「be filled with」이다. (by → with)

어휘 tourist 관광객

12 현재완료

해석 나는 전에 시카고에 가본 적이 있다.
① 너는 이 영화를 본 적 있니?   ② 그는 10년 동안 축구를 해 오고 있다.
③ 그녀는 이미 그녀의 집을 떠났다.   ④ Chen은 조부모님 댁에 가버렸다.
⑤ 그 직원들은 2018년부터 쭉 여기서 일하고 있다.

해설 주어진 문장과 ①의 밑줄 친 부분은 모두 현재완료의 〈경험〉을 나타낸다. ②와 ⑤는 현재완료의 〈계속〉을, ③은 〈완료〉를, ④는 〈결과〉를 나타낸다.

어휘 employee 직원, 종업원

13 수동태

해석 ① 일꾼들은 집을 지을 것이다. → 집이 일꾼들에 의해 지어질 것이다.
② 엄마는 내가 설거지를 하게 시키셨다. → 나는 엄마에 의해 설거지를 하게 되었다.   ③ 도둑이 그녀의 가방을 훔쳤다. → 그녀의 가방이 도둑에 의해 훔쳐졌다.   ④ 그녀는 너에게 소포를 보냈다. → 소포가 그녀에 의해 너에게 보내졌다.   ⑤ John은 그 여자가 전화 통화하는 것을 들었다.

해설 ⑤ 지각동사가 쓰인 5형식 문장이 수동태로 쓰일 경우, 능동태의 목적격보어로 쓰인 동사원형은 to부정사로 바뀐다. (was heard talk → was heard to talk)

어휘 thief 도둑   steal 훔치다   package 소포

14 현재진행형 / 현재완료

해석 a. Mary는 지금 친구와 점심을 먹고 있다.   b. 그는 이미 아침을 먹었다.

해설 a. now가 있으므로 「be동사 + v-ing」 형태의 현재진행형이 되어야 한다. 따라서 빈칸에는 having이 적절하다. / b. 주어진 문장은 〈완료〉를 나타내는 현재완료이고 주어가 3인칭 단수이므로, 빈칸에는 has가 들어가야 한다.

15 조동사

해석 a. 저에게 당신의 노트북을 빌려주시겠어요?   b. 그녀는 7월에 휴가를 갈 수 있을 것이다.

해설 a. 상대방에게 요청을 하는 상황이므로, 빈칸에는 조동사 Can이 들어갈 수 있다. / b. 조동사 다음에는 조동사를 연달아 쓸 수 없고 항상 동사원형이 와야 하므로 문맥상 〈가능〉을 나타내는 be able to가 적절하다.

16 현재완료 / 5형식 문장의 수동태

해석 a. 그는 국립 박물관을 방문한 적이 없다.   b. 나는 의사로부터 설탕을 피하라는 말을 들었다.

해설 a. 주어진 문장은 〈경험〉을 나타내는 현재완료이므로, 빈칸에는 visited가 들어가야 한다. / b. 5형식 문장의 목적격보어는 수동태 문장에서 「be v-ed」 뒤에 그대로 쓴다.

어휘 National Museum 국립 박물관   avoid 피하다

17 조동사

해설 ④ '~이 아닌 게 틀림없다'라는 강한 부정적 추측은 must not이 아니라 cannot[can't]으로 나타낸다. (must not → cannot)

어휘 French 프랑스어

18 4형식 문장의 수동태 / 현재완료

해석 ① 애완견 한 마리가 그를 위해 구입되었다.   ② 나는 한 달 동안 서울에서 살아왔다.   ③ 초콜릿 한 상자가 나에게 주어졌다.   ④ 박 씨는 5년 동안 이곳에서 일해왔다.   ⑤ 우리는 오랫동안 서로를 알아왔다.

해설 ③ 동사 give가 쓰인 4형식 문장의 직접목적어를 주어로 수동태를 만들 때, 간접목적어 앞에는 전치사 to를 쓴다. 나머지 빈칸에는 모두 for가 들어간다.

19 조동사 / 시제 일치

해석 ① 그녀는 오늘 밤에 나가지 않는 게 좋겠다.   ② 그는 지구가 둥글다고 주장했다.   ④ 네가 실수를 저질렀다는 것을 너는 알아야만 한다.

해설 ③ 주절이 과거시제인 경우, 종속절에는 과거시제나 과거완료형을 쓴다. (finds → found[had found]) ⑤ 조동사 would로는 〈과거의 상태〉를 나타낼 수 없다. (would → used to)

어휘 claim 주장하다   planet 행성   temple 절

20 지각동사의 수동태 / 조동사 would like to

해석 a. 그 운전자가 사슴을 치는 것이 목격되었다.   b. 나는 오늘 시합에서 홈런을 치고 싶다.

해설 a. 지각동사가 수동태로 쓰일 경우, 능동태의 목적격보어로 쓰인 동사원형은 수동태에서는 to부정사로 바뀐다. / b. '~하고 싶다'라는 뜻의 조동사는 would like to이고 뒤에는 동사원형을 써야 한다.

21 미래시제 수동태 / 조동사가 쓰인 수동태

해설 1) 미래시제 수동태인 「will be v-ed」의 형태에 유의하여 단어를 배열해 본다.
2) 「조동사(must) + be v-ed」의 형태에 유의하여 단어를 배열해 본다.

어휘 spread 퍼뜨리다 (spread-spread-spread)   villager 마을 사람   deliver 배달하다

22 현재완료 / 과거시제

해석 A: 너는 싱가포르에 가본 적이 있니?   B: 응, 그래. 나는 2년 전에 그곳에 갔어.   A: 너는 거기서 무엇을 했니?   B: 나는 가족과 함께 유니버설

스튜디오를 방문했어.

해설 1) '~에 가본 적이 있다'라는 뜻의 〈경험〉을 나타내는 현재완료 표현은 「have[has] been to」이다. 따라서, 빈칸에는 been이 들어가야 한다.
2) 「Have you ever ~?」로 물었으므로 긍정의 대답은 Yes, I have.로 해야 한다.
3) 의문사가 포함된 과거시제 일반동사의 의문문은 「의문사 + did + 주어 + 동사원형 ~?」의 형태이다. 따라서 빈칸에는 did가 들어가야 한다.

23 사역동사의 수동태 / 4형식 문장의 수동태

해석 1) 나는 언니에 의해 창문 청소를 하도록 시켜졌다.
→ 언니가 내가 창문 청소를 하도록 시켰다.
2) 새 장난감이 나에 의해 내 고양이에게 주어졌다.
→ 나는 내 고양이에게 새 장난감을 주었다.

해설

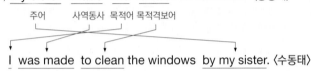

1) My sister made me clean the windows. 〈능동태〉
　　주어　　사역동사　목적어 목적격보어

I was made to clean the windows by my sister. 〈수동태〉

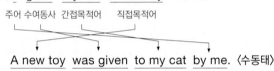

2) I gave my cat a new toy. 〈능동태〉
　주어 수여동사 간접목적어　직접목적어

A new toy was given to my cat by me. 〈수동태〉

24 현재진행형 / 조동사 had better

해석 1) 질문: Donna는 지금 무엇을 하고 있니?
대답: 그녀는 음악을 듣고 있어.
2) 질문: 몸이 몹시 안 좋아. 좀 쉬어야겠어.
대답: 너는 병원에 가는 게 좋겠어.

해설 1) 현재진행형으로 질문을 하고 있으므로, 대답 역시 현재진행형으로 해야 한다. 「be동사의 현재형 + v-ing」의 형태를 사용해서 빈칸을 완성해 본다.
2) 상대방에게 '~하는 게 낫다'라는 의미의 충고를 해야 하므로, 조동사 had better를 쓴다.

25 조동사 / 과거진행형 / 5형식 문장의 수동태

해석 A: 저는 Miller 형사입니다. 당신에게 몇 가지 질문을 하고 싶습니다. 어젯밤 8시에 무엇을 하고 계셨습니까? B: 저는 제 친구 Fred와 저녁을 먹고 있었습니다. A: 그는 지금 어디에 있습니까? B: 그는 아마 그의 사무실에 있을 겁니다. 그의 상사로부터 프로젝트를 오늘까지 끝내달라는 요구를 받았거든요.

해설 1행: 조동사 would like to 뒤에는 동사원형이 온다. (asking → ask)
2행: last night이라는 과거를 나타내는 표현이 있으므로 '~하고 있었다'라는 의미인 과거진행형 「be동사의 과거형 + v-ing」 형태로 쓴다. (are → were)
6행: 5형식 문장의 목적격보어 역할을 하는 to부정사는 수동태 문장에서도 그대로 쓴다. (finish → to finish)

어휘 detective 형사

UNIT 01 | 모의고사

2회

1 ④　2 ⑤　3 ④　4 ③　5 ④　6 ③　7 ④　8 ④　9 ⑤　10 ④
11 ⑤　12 ②　13 ④　14 ③　15 ④　16 ④　17 ④　18 ②
19 ③　20 ②, ③　21 1) didn't 2) was 3) did 4) have
22 More boards were added to it by me.　23 I added more boards to it.　24 1) haven't eaten 2) went　25 1) X, was crowded with 2) O 3) X, might be 4) X, owns

01 현재완료

해석 그녀는 제주도에 세 번 가본 적이 있다.

해설 three times라는 횟수를 나타내는 표현이 있으므로 빈칸에는 '~에 가본 적이 있다'는 뜻의 〈경험〉을 나타내는 현재완료 ④ has been이 들어가야 한다.

02 미래시제 수동태

해석 택배는 내일까지 배달될 것이다.

해설 주어 The parcel은 동작을 당하는 대상이므로 수동태 문장이 되도록 문장의 동사는 「will be v-ed」의 형태로 써야 한다.

어휘 parcel 소포, 택배

03 조동사 must

해석 ① 당신은 길에 쓰레기를 버려야 합니다. ② 당신은 길에 쓰레기를 버려도 됩니다. ③ 당신은 길에 쓰레기를 버리는 게 좋습니다. ④ 당신은 길에 쓰레기를 버리면 안 됩니다. ⑤ 당신은 길에 쓰레기를 버릴 필요가 없습니다.

해설 ④ '~하면 안 된다'라는 뜻의 〈금지〉를 나타내는 조동사는 must not이다.

어휘 throw 버리다　trash 쓰레기

04 시제 일치

해석 ① 그들은 전쟁이 끝났다고 믿었다. ② 그들은 그가 경기에서 이겼다고 믿었다. ④ 그들은 자신들이 해결책을 찾았다고 믿었다. ⑤ 그들은 태양이 지구보다 더 크다고 믿었다.

해설 ③ 주절이 과거시제인 경우, 종속절에는 과거시제나 과거완료만 쓸 수 있다. (she will be back soon → she would be back soon) 단, ⑤번처럼 종속절이 과학적 사실을 나타낼 때는 주절의 시제와 관계없이 항상 현재시제로 쓴다.

어휘 be over 끝나다　solution 해결책

05 5형식 문장의 수동태

해석 그는 자신의 개를 Alpha라고 이름 지었다.
④ 그의 개는 그에 의해 Alpha라는 이름이 지어졌다.

해설 주어진 문장과 같은 5형식의 문장을 수동태로 만들 때, 목적어가 주어가 되고 목적격보어로 쓰인 명사는 수동태 문장에서도 그대로 쓴다.

어휘 name ~에 이름을 지어주다

06 수동태의 행위자

해석 ① 그 가수는 그의 팬들에 의해 둘러싸여 있다. ② 이 캐릭터는 어린 아이들에게 사랑받는다. ③ 내 가방이 기차에서 누군가에 의해 도난당했다. ④ 에펠탑은 Gustave Eiffel에 의해 설계되었다. ⑤ 책 〈정글북〉에서 모글리는 늑대들에 의해 길러졌다.

해설 ③ 수동태 문장에서 by someone과 같이 행위자가 불분명한 경우 「by + 행위자」를 보통 생략한다.

07 과거시제 / 현재완료

해석 a. 그는 2007년부터 2009년까지 그 가게의 매니저로 일했다. b. 너는 얼마나 오랫동안 LA에 살았니?

해설 a. from 2007 to 2009라는 과거를 나타내는 표현이 있으므로 빈칸에 과거형 동사를 쓰는 것이 적절하다. / b. 〈계속〉의 의미를 나타내는 현재완료 문장이므로 빈칸에 v-ed를 쓰는 것이 적절하다.

08 현재완료

해석 ① 나는 고등학교 때부터 Nick을 알아왔다. ② 그들은 5년 동안 여기에 살아왔다. ③ 그는 한 시간 동안 집에서 공부를 했다. ④ 바이올린을 연주해 본 적이 있니? ⑤ 너는 얼마나 오랫동안 이 나라에 살았니?

해설 ④는 〈경험〉을 나타내는 현재완료 문장이고, 나머지는 모두 〈계속〉을 나타내는 현재완료 문장이다.

09 현재완료

해석 질문: 너는 이전에 초밥을 먹어본 적이 있니? 대답: 아니. 나는 그것을 한 번도 먹어본 적이 없어.

해설 ⑤ '~해 본 적이 없다'는 〈경험〉을 나타내는 현재완료는 「have never v-ed」의 형태로 나타낼 수 있다.

10 조동사

해석 ① 그들은 때때로 함께 시간을 보내곤 했다. ② 그녀는 파티에 자신의 파트너를 데려와야 한다. ③ 너는 세 가지의 언어를 말할 수 있니? ④ 그녀의 이야기는 사실일 리가 없다. / 그녀의 이야기는 사실일 필요는 없다. ⑤ 이 쿠키 중 하나를 먹어도 되나요?

해설 ④ 첫 번째 문장의 cannot은 '~일 리가 없다'는 의미의 〈강한 부정적 추측〉을 나타내고, 두 번째 문장의 doesn't have to는 '~할 필요 없다'라는 〈불필요〉를 나타낸다.

어휘 occasionally 가끔, 때때로

11 수동태

해석 c. 그 창문은 Tom에 의해 깨어지지 않았다. d. 프랑스어는 여러 국가에서 말해진다.

해설 a, b. 문맥상 수동태 문장이 되어야 하므로 문장의 동사는 「be동사 + v-ed」의 형태로 써야 한다. (a. was reading → was read / b. made → was made)

12 진행형 / 수동태 / 시제 일치

해석 a. 나는 커피 한 잔을 마시고 있었다. c. 그 책에는 그 탑이 1900년대에 지어졌다고 쓰여 있었다.

해설 b. 동사 make가 쓰인 4형식 문장의 직접목적어를 주어로 수동태를 만들 때, 간접목적어 앞에는 전치사 for를 쓴다. (to → for) / d. 수동태의 행위자는 「by + 목적격」으로 나타낸다. (she → her)

13 by 이외의 전치사를 쓰는 수동태

해석 (A) 그 상자는 먼지로 덮여 있었다. (B) 이 크레파스들은 석유로 만들어진다. (C) 그 작가는 그녀의 단편 소설들로 알려져 있다.

해설 (A) be covered with: ~으로 덮여있다 / (B) be made from: ~으로 만들어지다 / (C) be known for: ~으로 알려져 있다

14 조동사 / 과거시제

해석 (A) 너는 운전 면허증 없이는 운전해서는 안 된다. (B) 내가 가장 좋아하던 카페가 저 모퉁이에 있었다. (C) 베토벤은 월광 소나타를 1800년에서 1801년 사이에 작곡했다.

해설 (A) 문맥상 〈금지〉를 나타내는 must not이 와야 한다. / (B) 과거의 상태를 나타내는 조동사는 used to이다. would로는 과거의 상태를 나타낼 수 없다. / (C) 과거의 시점을 나타내는 말(between 1800 and 1801)이 있으므로 과거시제로 써야 한다.

어휘 license 면허(증) corner 모퉁이

15 4형식 문장의 수동태

해석 ① 이 편지는 Jake에 의해 나에게 보내졌다. ② 그 사진들은 그녀에 의해 나에게 보여졌다. ③ 선물들이 내일 그들에게 주어질 것이다. ④ 이 인형은 내 아기를 위해 나에 의해 만들어졌다. ⑤ 상은 각 그룹의 상위 세 명에게 주어질 것이다.

해설 ④의 빈칸에는 전치사 for가 들어가고, 나머지 빈칸에는 모두 전치사 to가 들어간다.

어휘 award 상

16 현재완료

해석 ① 나는 중국에 두 번 가봤다. ② 그 아기는 막 깨어났다. ③ 그들은

이미 저녁을 먹었다.   ⑤ 해외로 이주하는 것에 대해 생각해 본 적이 있니?

해설 ④ yesterday는 과거를 나타내는 표현이므로, 현재완료 시제와 함께 쓰는 것은 적절하지 않다. (has lost → lost)

어휘 twice 두 번   purse 지갑

17   조동사 / 사역동사의 수동태 / 미래시제를 나타내는 현재진행형 / 과거진행형

해석 a. 문을 닫아주시겠어요?   c. 나는 다음 주에 베트남에 갈 것이다.
d. 그들은 그 당시에는 부산에 살고 있었다.

해설 b. 사역동사 make의 목적격보어인 동사원형은 수동태에서 to부정사로 바뀐다. (clean → to clean)

18   조동사

해석 a. 교수님, 질문을 하나 드려도 될까요?   b. 그녀는 곤란한 상황이다. 그녀는 도움이 좀 필요할지도 모른다.

해설 a. 빈칸에는 '~해도 좋다'라는 뜻의 〈허가〉를 나타내는 조동사 may가 들어가는 것이 적절하다. / b. 빈칸에는 '~일지도 모른다'라는 뜻의 〈약한 추측〉을 나타내는 조동사 may가 들어가는 것이 적절하다.

어휘 be in trouble 곤경에 처하다

19   동사구의 수동태 / 조동사 used to / by 이외의 전치사를 쓰는 수동태

해석 a. 나의 개는 우리 언니에 의해 보살펴졌다.   b. 나는 일요일마다 축구를 하곤 했다.   c. 이 탁자는 단단한 나무로 만들어졌다.   d. 나는 그들의 공연에 만족했다.

해설 a. '~을 돌보다'의 의미를 가진 동사구는 look after로 수동태 문장에서 하나의 동사로 생각하고 써 주어야 한다. / b. '~하곤 했다'라는 뜻의 〈과거의 습관〉을 나타내는 조동사는 used to이다. / c. '~으로 만들어지다'의 의미를 가진 수동태 표현은 「be made of」이다. / d. '~에 만족하다'의 의미를 가진 수동태 표현은 「be satisfied with」이다.

어휘 look after ~을 돌보다   performance 공연

20   현재완료 / 조동사 had better / 진행시제 수동태 / by 이외의 전치사를 쓰는 수동태

해석 ① 나는 유럽에 가본 적이 없다.   ④ 그 뮤지컬은 지금 공연되고 있다.
⑤ 우리는 대기오염에 대해 심각하게 염려하고 있다.

해설 ② '~하는 게 낫다'라는 의미의 조동사 had better의 부정형은 「had better not + 동사원형」이라고 써야 한다. (had not better eat → had better not eat)   ③ 현재완료 시제와 과거를 나타내는 표현인 two years ago는 함께 쓸 수 없다. (has gone to → went to)

어휘 perform 공연하다   seriously 심각하게   air pollution 대기오염

21   과거시제 / 과거진행형 / 현재완료

해석 A: 너는 어제 내 전화를 왜 안 받았니?   B: 나는 그때 자고 있었어. 왜 전화했어?   A: 지난주 이후로 너에게 할 말이 있었거든.

해설 1) 문맥상 B가 전화를 받지 않았음을 알 수 있으므로, 빈칸에는 did의

부정형인 didn't가 들어가야 한다.
2) at that time은 과거시제나 과거진행형과 어울리는 표현이고, 빈칸 뒤에 v-ing 형태가 있으므로 빈칸에 be동사의 과거형인 was를 넣어 과거진행형 시제를 만든다.
3) 빈칸에는 일반동사 과거형의 의문문을 만들 때 주어 앞에 쓰는 did가 들어가야 한다.
4) since는 〈계속〉을 나타내는 현재완료 시제와 어울리는 전치사이므로, 빈칸에는 have가 들어가야 한다.

[22-23]

해석 나는 나무집을 지었다. 나는 판자로 지붕을 만들었다. 하지만 지붕을 통해 비가 들어왔다. 나에 의해 더 많은 판자가 그곳에 덧대어졌다.

22   수동태

해설 「be동사 + v-ed + by + 목적격」의 수동태 형태에 유의하여 단어를 배열해 본다.

23   능동태와 수동태

해석 나는 더 많은 판자를 그곳에 덧대었다.

해설

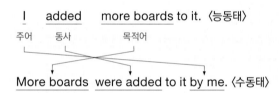

24   현재완료 / 과거시제

해석 1) A : 배고프니?   B: 응, 엄청 배고파. 오늘 아침 이후로 아무것도 안 먹었어.
2) A: 너는 경주에 가본 적이 있니?   B: 응, 있어. 작년에 수학여행으로 거기에 갔었어.

해설 1) since는 〈계속〉을 나타내는 현재완료 시제와 어울리는 전치사이므로 빈칸에는 현재완료가 들어가야 하며, 부정형이 되어야 하므로 haven't eaten이라고 써야 한다.
2) last year는 과거를 나타내는 표현이므로 빈칸에는 동사의 과거형인 went가 들어가야 한다.

어휘 starving 몹시 배고픈

25   by 이외의 전치사를 쓰는 수동태 / 조동사 / 진행형으로 쓰지 않는 동사

해석 2) 매주 일요일, 나는 자전거를 타곤 했다.

해설 1) '~으로 붐비다'의 의미를 나타내는 수동태 표현은 「be crowded with」로 쓴다. (was crowded by → was crowded with)
3) 조동사 뒤에는 반드시 동사원형이 온다. (might was → might be)
4) own과 같이 〈소유〉를 나타내는 동사는 진행형으로 쓰지 않는다. (is owning → owns)

어휘 own 소유하다

UNIT 02 | 모의고사

1회

1 ④   2 ④   3 ⑤   4 ②   5 ②   6 ②   7 ④   8 ①   9 ③   10 ②
11 ④   12 ②   13 ①   14 ④   15 ②   16 ④   17 ②   18 ④
19 ②, ③   20 ③   21 1) what to do 2) strong enough to lift   22 1) considering buying a new car 2) what I should wear tonight   23 1) using 2) drinking[to drink] 3) to join   24 1) too short to ride 2) smart enough to get As   25 1) watching[to watch] movies 2) hiking[to hike] 3) playing the piano 4) listening

01 동명사의 역할
해석 Terry는 오토바이를 타는 자유를 즐겼다.
해설 ④ 전치사 of의 목적어 역할을 하는 동명사 riding이 들어가야 한다.
어휘 freedom 자유   motorcycle 오토바이

02 to부정사를 목적어로 쓰는 동사
해석 그들은 새 냉장고를 사는 것에 동의했다.
해설 ④ agree는 to부정사를 목적어로 쓰는 동사이므로 to buy가 들어가야 한다.
어휘 refrigerator 냉장고

03 to부정사의 형용사적 용법
해석 나는 입을 것이 없다.
① 그녀의 꿈은 작가가 되는 것이다.   ② 해외에 사는 것은 흥미로울 것이다.   ③ 그는 친구를 만나기 위해 부산에 갔다.   ④ 우리는 휴가 동안 스키 타러 가기로 결정했다.   ⑤ 나는 동료들과 담소를 나눌 시간이 없었다.
해설 주어진 문장과 ⑤의 밑줄 친 부분은 둘 다 앞의 명사를 수식하는 to부정사의 형용사적 용법으로 쓰였다. ①은 문장에서 보어 역할을 하는 to부정사의 명사적 용법, ②는 진주어 역할을 하는 to부정사의 명사적 용법, ③은 〈목적〉을 나타내는 to부정사의 부사적 용법, ④는 동사 decided의 목적어 역할을 하는 to부정사의 명사적 용법으로 쓰였다.
어휘 abroad 해외에   holiday 휴가, 공휴일   chat 담소를 나누다, 수다를 떨다   colleague 동료

04 to부정사를 목적어로 쓰는 동사
해석 그는 턱수염을 기르는 것을 _____.
① 결심했다   ② 고려했다   ③ 계획했다   ④ 원했다   ⑤ 약속했다
해설 ②의 consider는 동명사를 목적어로 쓰는 동사이고, 나머지는 모두 to부정사를 목적어로 쓰는 동사이다.

어휘 beard (턱)수염

05 to부정사를 이용한 구문
해석 날씨가 너무 안 좋아서 우리는 밖에서 놀 수 없다.
① 밖에서 놀기에 날씨가 안 좋다.   ② 날씨가 너무 안 좋아서 밖에서 놀 수 없다.   ③ 밖에서 놀기에 날씨가 충분히 안 좋다.   ④ 밖에서 놀기 위해서 날씨가 안 좋다.   ⑤ 우리가 밖에서 놀 수 있도록 날씨가 안 좋다.
해설 ②「so + 형용사 + that + 주어 + can't + 동사원형」은 '너무 ~해서 …할 수 없는'이라는 의미로, 「too + 형용사 + to-v」로 바꿔 쓸 수 있다.

06 to부정사의 부사적 용법
해석 나의 언니는 교수가 되기 위해 열심히 공부하고 있다.
a. 나는 먹을 것을 원한다.   b. 그는 쿠키를 굽기 시작했다.   c. Tom은 엄마를 기쁘게 하려고 집을 청소했다.   d. 나의 목표는 영화 감독이 되는 것이다.   e. 외국어를 배우는 것은 재미있다.   f. 그들은 스카프를 사기 위해 옷가게에 갔다.
해설 주어진 문장과 c, f의 밑줄 친 부분은 〈목적〉을 나타내는 to부정사의 부사적 용법으로 쓰임이 같다. a는 to부정사의 형용사적 용법으로 쓰였고, b, d, e는 각각 목적어, 주격보어, 진주어 역할을 하는 to부정사의 명사적 용법으로 쓰였다.
어휘 professor 교수   director 감독   foreign language 외국어

07 to부정사와 전치사
해석 a. Jason은 이야기하기에 좋은 사람이다.   b. 나는 쓸 펜이 하나 필요하다.
해설 형용사적 용법으로 쓰인 to부정사의 동사가 자동사일 경우, 목적어를 갖기 위해서는 전치사와 함께 쓰여야 한다.

08 to부정사의 명사적 용법
해석 ① 그 말을 들으니 참 유감스럽다.   ② 강아지들과 노는 것은 재미있었다.   ③ 아기를 돌보는 것은 쉽지 않다.   ④ 너는 어디서 프랑스어를 말하는 것을 배웠니?   ⑤ 나의 꿈은 전 세계를 여행하는 것이다.
해설 ①의 밑줄 친 부분은 〈감정의 원인〉을 나타내는 to부정사의 부사적 용법으로 쓰였고, ②와 ③은 문장에서 주어 역할, ④는 목적어 역할, ⑤는 주격보어 역할을 하는 to부정사의 명사적 용법으로 쓰였다.
어휘 take care of ~을 돌보다

09 동명사와 to부정사 모두를 목적어로 쓰는 동사
해석 a. 나는 피아노를 연주하는 것을 _____ 않았다.
b. 그는 중국어 배우기를 _____ 했니?
① 좋아하다   ② 시도하다 / 노력하다   ③ 희망하다   ④ 시작하다   ⑤ 계속하다
해설 ③ hope는 to부정사를 목적어로 쓰는 동사이고, 나머지는 to부정사와 동명사 모두를 목적어로 쓰는 동사이다.

10 가주어 it과 비인칭 주어 it

해석 ① 그를 돕다니 너는 참 친절하다. ② 이번 주말에는 화창할 것이다. ③ 산을 오르는 것은 힘들었다. ④ 건강에 좋은 음식을 먹는 것은 중요하다. ⑤ 휴대전화 없이 사는 것은 쉽지 않을 것이다.

해설 ②의 밑줄 친 부분은 〈날씨〉를 나타낼 때 문장의 주어로 쓰이는 비인칭 주어 It이고, 나머지는 모두 to부정사 진주어를 대신하여 쓰이는 가주어 It이다.

어휘 healthy 건강에 좋은

11 동명사와 현재분사

해석 ① 나를 그만 괴롭혀! ② 너는 사진 찍는 것을 좋아하니? ③ 나는 세 시간 동안 춤추는 것을 연습했다. ④ 벤치에 앉아있는 저 소녀는 Allie이다. ⑤ 그녀는 어둠 속에서 혼자 있는 것을 두려워한다.

해설 ④의 밑줄 친 부분은 형용사처럼 명사를 수식하는 현재분사이고, 나머지 밑줄 친 부분은 동사나 전치사의 목적어 역할을 하는 동명사이다.

어휘 bother 괴롭히다   be afraid of ~을 두려워하다

12 동명사, to부정사를 목적어로 쓰는 동사 / 동명사 관용 표현

해석 (A) 아빠는 20년 전에 담배를 끊으셨다. (B) 우리는 유성을 보기를 기대했다. (C) 그에게 말해도 소용없다. 그는 듣지 않는다.

해설 (A) quit은 동명사를 목적어로 쓰는 동사이다. / (B) expect는 to부정사를 목적어로 쓰는 동사이다. / (C) 「It is no use v-ing」는 '~해도 소용 없다'라는 뜻의 동명사 관용 표현이다.

어휘 shooting star 유성

13 to부정사를 이용한 구문 / 동명사 관용 표현

해설 ① 「be used to v-ing」는 '~하는 데 익숙하다'라는 의미로 '나는 매운 음식을 먹는 것에 익숙하다.'라고 해석해야 한다. '(과거에) ~하곤 했다'라는 의미는 「used to-v」로 쓴다.

어휘 spicy 양념 맛이 강한, 매운   rubber 고무   pale 창백한 parking lot 주차장   letter 글자

14 동명사와 to부정사

해석 은지는 방에 자신의 지갑을 두고 온 것을 잊었다.

해설 ④ 이전에 했던 행동을 잊은 것에 관한 내용이므로, '(과거에) ~했던 것을 잊다'의 의미인 「forget + 동명사」로 바꿔 쓸 수 있다.

15 to부정사의 의미상의 주어

해석 ① 내가 먹거나 마실 것이 아무것도 없다. ② 네가 그 나이든 여자분을 도와준 것은 친절했다. ③ 그 커피는 내가 마시기에 너무 진하다. ④ 내가 스페인어를 배우는 것은 쉽지 않았다. ⑤ 그 영화는 아이들이 이해하기에 어렵다.

해설 ② nice와 같이 사람의 성격이나 성질에 대한 주관적 평가를 나타내는 형용사 뒤에는 「of + 목적격」으로 의미상의 주어를 쓴다. 나머지 빈칸에는 모두 for가 들어간다.

16 to부정사를 이용한 구문 / 「의문사 + to부정사」

해석 a. Ronald 씨는 오늘 너무 아파서 일하러 갈 수 없었다. b. 나는 무슨 말을 할지 몰라서 그저 조용히 서 있었다.

해설 a. '너무 …해서 ~할 수 없는'의 의미는 「too + 형용사[부사] + to-v」로 쓴다. / b. 「what to-v」는 '무엇을 ~할지'의 의미이다.

17 to부정사 / 동명사

해석 John Lee 선생님은 아이들에게 영어와 수학을 가르치기 시작했다. (글을) 쓸 공책이 충분히 없어서, 그들은 단어를 땅 위에 적어야 했다. 시간이 지날수록, 점점 더 많은 아이들이 공부하기 위해 왔다. 결국, John Lee 선생님은 아이들이 갈 학교를 설립했다. 학교에 가는 것은 톤즈에서 일반적인 일이 되었다.

해설 ② 형용사적 용법으로 쓰인 to부정사의 동사가 자동사인 경우 전치사를 빠뜨리지 않아야 한다. (to write → to write in)

어휘 go by 지나가다, 흐르다   eventually 결국, 마침내   common 일반적인

18 동명사, to부정사를 목적어로 쓰는 동사

해석 ① Tom은 넥타이 매는 것을 싫어한다. ② 나의 의사는 잠을 더 잘 것을 제안했다. ③ 그는 가족을 위해 요리하는 것을 즐겼다. ⑤ 너는 밤에 혼자 걸어다니는 것을 피해야 한다.

해설 ④ refuse는 to부정사를 목적어로 쓰는 동사이다. (accepting → to accept)

어휘 tie 넥타이   proposal 제안   alone 혼자

19 동명사를 목적어로 쓰는 동사 / to부정사의 부사적 용법 / to부정사의 의미상의 주어 / 가주어 it

해석 ② 은미는 책을 쓰는 것을 포기했다. ③ 나는 책을 빌리기 위해 도서관에 갔다.

해설 ① 동사 practice는 동명사를 목적어로 쓴다. (to throw → throwing) ④ to부정사 앞에 polite처럼 사람의 성격이나 성질에 대한 주관적 평가를 나타내는 형용사가 올 경우, to부정사의 의미상의 주어는 「of + 목적격」의 형태로 쓴다. (for him → of him) ⑤ to부정사 주어가 길어지는 경우 to부정사(구)를 뒤로 보내고, 그 자리에 가주어 It을 써야 한다. (That → It)

어휘 polite 예의 바른   all the time 언제나, 늘

20 동명사를 목적어로 쓰는 동사 / to부정사의 위치 / to부정사의 의미상의 주어

해석 a. Julia는 계속해서 질문했다. b. 그녀는 그 신발을 신어봤다. e. 펭귄이 나는 것이 가능한가요?

해설 c. mind는 동명사를 목적어로 쓰는 동사이다. (to tell → telling) / d. to부정사와 형용사가 동시에 -thing으로 끝나는 대명사를 수식하는 경우, 「대명사 + 형용사 + to부정사」의 순서로 쓴다. (something to wear warm → something warm to wear)

어휘 secret 비밀

21 「의문사 + to부정사」 / to부정사를 이용한 구문

해석 1) 그는 상사에게 다음에 무엇을 해야 하는지 물어봐야 했다. → 그는 상사에게 다음에 <u>무엇을 할지</u> 물어봐야 했다.

2) 그녀는 몹시 힘이 세서 그 상자를 들 수 있었다. → 그녀는 그 상자를 들 <u>만큼 충분히 힘이 셌다.</u>

해설 1) 「what + 주어 + should + 동사원형」은 '무엇을 ~할지'의 의미로, 「what to-v」로 바꿔 쓸 수 있다.

2) '몹시 ~해서 …할 수 있는'의 의미인 「so + 형용사 + that + 주어 + can + 동사원형」은 '…할 만큼 충분히 ~한'의 의미인 「형용사 + enough + to-v」로 바꿔 쓸 수 있다.

22 동명사를 목적어로 쓰는 동사 / 「의문사 + to부정사」

해설 1) consider는 동명사를 목적어로 쓰는 동사이다.

2) '무엇을 ~할지'의 의미인 「what to-v」는 「what + 주어 + should + 동사원형」으로 바꿔 쓸 수 있다.

23 동명사, to부정사를 목적어로 쓰는 동사

해석 환경을 보호하는 데 도움이 되고자, 나는 빨대를 그만 1) 사용하기로 결정했다. 식당에서 나는 빨대 없이 음료를 요청했다. 이후에 내 친구들도 빨대 없이 2) 마시기 시작했다. 우리는 더 많은 사람들에게 우리와 3) 함께하자고 요청했다. 많은 이들이 동의했다.

해설 1) 문맥상 '~하는 것을 멈추다'의 의미인 「stop + 동명사」가 빈칸에 들어가야 한다. stop은 동명사를 목적어로 쓴다.

2) start는 to부정사와 동명사 모두를 목적어로 쓰는 동사로, 의미 차이는 없다.

3) 목적격보어 역할을 하는 to부정사가 온다.

어휘 protect 보호하다 environment 환경 straw 빨대

24 to부정사를 이용한 구문

해석 1) Toby는 롤러코스터를 <u>타기에는 키가 너무 작다.</u>

2) 그녀는 A를 <u>받을 만큼 충분히 영리하다.</u>

해설 1) '너무 ~해서 …할 수 없는'의 의미는 「too + 형용사[부사] + to-v」로 쓴다.

2) '~할 만큼 충분히 …한'은 「형용사[부사] + enough + to-v」로 나타낸다.

25 동명사와 to부정사 모두를 목적어로 쓰는 동사 / 동명사의 역할 / to부정사의 역할

해석 안녕. 내 이름은 박미라야. 나는 전주 출신이야. 내 취미 중 하나는 1) <u>영화를 보는 거야.</u> 나는 주말에 2) <u>하이킹하는 것을</u> 좋아해. 나는 3) <u>피아노 연주를</u> 잘해. 나는 새 친구들을 사귀고 함께 재미있게 지내고 싶어. 4) <u>들어줘서</u> 고마워.

해설 1) 문장에서 보어 역할을 하는 to부정사나 동명사 형태로 써야 한다.

2) like는 to부정사와 동명사를 모두 목적어로 쓰는 동사이다.

3), 4) 전치사 at과 for 뒤에는 전치사의 목적어 역할을 하는 동명사가 와야 한다.

UNIT 02 | 모의고사

2회

1 ④ 2 ⑤ 3 ① 4 ③ 5 ⑤ 6 ⑤ 7 ⑤ 8 ④ 9 ② 10 ③, ④ 11 ① 12 ③ 13 ④ 14 ④ 15 ④ 16 ③ 17 ② 18 ③ 19 ⑤ 20 ② 21 too busy to clean her room 또는 so busy that she can't clean her room 22 1) to be[being] 2) listening 3) to become 4) singing 23 I look forward to seeing you again. 24 1) of Helena not to say hello to her friends 2) for Ben to finish his work on time 25 1) We were too busy to attend the meeting. 2) My brother got up too late to have breakfast this morning.

01 to부정사의 의미상의 주어

해석 나에게 자신의 노트북을 빌려주다니 <u>그는</u> 매우 친절하다.

해설 ④ to부정사 앞에 kind와 같이 사람의 성격이나 성질에 대한 주관적인 평가를 나타내는 형용사가 올 경우, to부정사의 의미상의 주어는 「of + 목적격」의 형태로 쓴다.

어휘 laptop 노트북 컴퓨터

02 동명사 관용 표현

해석 나는 이번 주말에 캠핑 가는 것을 고대하고 있다.

해설 ⑤ 「look forward to v-ing」는 '~하기를 고대하다'라는 의미의 동명사 관용 표현이다.

03 가주어 it / 가목적어 it

해석 a. 스포츠 경기를 보는 것은 흥미롭다. b. 나는 치즈스틱을 만드는 것이 어렵다는 것을 알았다.

해설 a. to부정사 주어가 길어지는 경우 to부정사(구)를 뒤로 보내고 그 자리에 가주어 It을 쓴다. / b. to부정사 목적어가 길어지는 경우 to부정사(구)를 뒤로 보내고 그 자리에 가목적어 it을 쓴다.

04 동명사의 역할

해석 a. Jennifer는 책을 <u>읽는</u> 것을 좋아한다. b. 그녀는 특히 수필을 <u>읽는</u> 것에 흥미가 있다.

해설 like는 동명사와 to부정사를 모두 목적어로 쓸 수 있지만 전치사의 목적어로는 동명사가 와야 하므로, 빈칸에는 ③ reading이 적절하다.

어휘 especially 특히 essay 수필

05 동명사 관용 표현

해설 ⑤ '~하는 데 익숙하다'의 의미를 가진 동명사 관용 표현은 「be used to v-ing」이다.

06 to부정사의 의미상의 주어

해석 그렇게 말하다니 그는 참 _____했다.
① 친절한 ② 무례한 ③ 예의 바른 ④ 부주의한 ⑤ 어려운

해설 to부정사 앞에 사람의 성격이나 성질에 대한 주관적인 평가를 나타내는 형용사가 올 경우, to부정사의 의미상의 주어는 「of + 목적격」의 형태로 쓴다. 따라서, ⑤ difficult는 빈칸에 들어갈 수 없다.

07 to부정사를 목적어로 쓰는 동사

해석 나는 대학에서 의학을 공부하기를 _____.
① 원했다 ② 결정했다 ③ 계획했다 ④ 희망했다 ⑤ 즐겼다

해설 ⑤ enjoy는 동명사를 목적어로 쓰는 동사이고, 나머지 동사들은 모두 to부정사를 목적어로 쓴다.

어휘 medicine 의학

08 to부정사를 이용한 구문

해설 ④ '~할 만큼 충분히 …한'의 의미는 「형용사[부사] + enough + to-v」로 쓴다.

어휘 outside 밖에서

09 동명사의 역할

해석 ① 나는 버스를 타는 것 대신에 걸을 것이다. ② 그의 취미는 그림을 그리는 것이다. ③ 밀가루와 계란을 계속 저어라. ④ 그들은 태양광 에너지를 생산하는 것을 중단했다. ⑤ 나는 음악을 공부하기 위해 해외에 가는 것을 생각하고 있다.

해설 ②는 보어 역할을 하는 동명사이고, 나머지는 모두 목적어 역할을 하는 동명사이다.

어휘 stir 젓다 flour 밀가루 produce 생산하다 solar 태양열을 이용한

10 동명사, to부정사를 목적어로 쓰는 동사

해석 ① 그는 계속해서 운전했다. ② 그 아기는 울기 시작했다. ③ 그들은 다투기 위해 멈췄다. / 그들은 다투는 것을 멈췄다. ④ 우리는 우유를 사는 것을 잊었다. / 우리는 우유를 샀던 것을 잊었다. ⑤ James는 케이팝을 듣는 것을 좋아한다.

해설 ③ 「stop + to부정사」는 '~하기 위해 멈추다'의 의미로 여기서 to부정사는 〈목적〉을 나타내는 부사적 용법의 to부정사이다. 「stop + 동명사」는 '~하는 것을 멈추다'의 의미로 stop은 동명사를 목적어로 쓰는 동사이다. ④ 「forget + to부정사」는 '(앞으로) ~할 것을 잊다'의 의미이며 「forget + 동명사」는 '(과거에) ~했던 것을 잊다'의 의미이다.

11 to부정사의 부사적 용법

해석 ① 나는 같이 놀 친구가 필요하다. ② 이 호수는 수영하기에 안전하지 않다. ③ 그녀는 자라서 음악가가 되었다. ④ 우리는 저 기차를 잡기 위해 달려야 한다. ⑤ 그런 실수를 하다니 그는 부주의한 게 틀림없다.

해설 ①의 밑줄 친 부분은 to부정사의 형용사적 용법으로 쓰였고, 나머지 밑줄 친 부분들은 각각 〈한정(형용사 수식)〉, 〈결과〉, 〈목적〉, 〈판단의 근거〉를 나타내는 to부정사의 부사적 용법으로 쓰였다.

어휘 musician 음악가 careless 조심성 없는, 부주의한

12 동명사와 현재분사

해석 ① 그는 새로운 음식을 시도하는 것을 싫어한다. ② 산책하러 가는 게 어때? ③ 나의 삼촌은 집을 짓고 있다. ④ 그의 의무는 시민들을 보호하는 것이다. ⑤ 규칙적으로 운동하는 것은 네 건강에 좋다.

해설 ③의 밑줄 친 부분은 be동사와 함께 쓰여 진행형을 만드는 현재분사이다. ①은 동사 hates의 목적어 역할, ②는 전치사의 목적어 역할, ④는 보어 역할, ⑤는 주어 역할을 하는 동명사이다.

어휘 go for a walk 산책하러 가다 duty 의무, 임무 protect 보호하다 citizen 시민

13 가주어 it과 비인칭 주어 it

해석 ① 밖이 어두워졌다. ② 아침 7시였다. ③ 어제는 춥고 바람이 불었다. ④ 직업을 찾는 것이 어려워지고 있다. ⑤ 오늘은 월요일이라 박물관은 닫는다.

해설 ④의 밑줄 친 부분은 진주어 to부정사가 길어질 때 쓰는 가주어 It이고, ①은 〈명암〉, ②는 〈시간〉, ③은 〈날씨〉, ⑤는 〈요일〉을 나타낼 때 문장의 주어로 쓰이는 비인칭 주어 It이다.

14 동명사 관용 표현

해석 A: 나는 오늘밤에 영화를 보러 가고 싶어. 나와 함께 갈래? B: 미안하지만, 안 돼. 숙제를 하느라 바쁠 거야.

해설 첫 번째 빈칸: '~하고 싶다'는 「feel like v-ing」로 나타낼 수 있다. 두 번째 빈칸: '~하느라 바쁘다'는 「be busy v-ing」로 나타낼 수 있다.

15 동명사와 현재분사

해석 대기자 명단에 이름을 올리길 원하십니까?
① 그녀는 TV를 보고 있었다. ② 저 자고 있는 개를 봐라. ③ 그들은 그 소문에 대해 이야기하는 중이다. ④ 아빠는 나에게 운동화 한 켤레를 사주셨다. ⑤ 우리는 나무에서 노래하는 새를 볼 수 있다.

해설 주어진 문장과 ④의 밑줄 친 부분은 뒤에 나오는 명사의 용도나 목적을 나타내는 동명사로 쓰였고, ①과 ③은 be동사와 함께 쓰여 진행형을 나타내는 현재분사로 쓰였으며, ②와 ⑤는 뒤의 명사를 수식해 〈진행·능동〉의 의미를 나타내는 현재분사로 쓰였다.

16 to부정사를 이용한 구문

해석 ① 그 텐트는 다섯 명을 수용할 수 있을 만큼 충분히 크다. ② 그 식당은 우리가 걸어가기에는 너무 멀다. ③ 그 숙제는 내가 하기에는 너무 어렵

다. / 그 숙제는 너무 어려워서 나는 그것을 할 수 있다. ④ Grace는 선반에 닿을 만큼 충분히 크다. ⑤ 너무 추워서 우리는 밖에서 식사할 수 없었다.

[해설] ③의 두 문장이 같은 뜻이 되기 위해서는 두 번째 문장이 The homework is so hard that I can't do it.이 되어야 한다.

[어휘] hold 수용하다   shelf 선반

17 to부정사와 전치사 / to부정사를 목적어로 쓰는 동사 / to부정사의 형용사적 용법 / 동명사 관용 표현

[해석] ② 나는 그녀와 친구가 되기를 바란다.

[해설] ① 형용사적 용법으로 쓰인 to부정사의 동사가 자동사인 경우 전치사를 빠뜨리지 않아야 한다. (to talk → to talk about) ③ 명사 places를 뒤에서 꾸며주는 형용사적 용법의 to부정사가 필요하다. (visiting → to visit) ④ '~할 가치가 있다'라는 의미는 「be worth v-ing」로 나타낸다. (pay → paying) ⑤ '하는 데 돈[시간]을 쓰다'라는 의미는 「spend + 돈[시간] + v-ing」로 나타낸다. (to shop → shopping)

18 to부정사를 이용한 구문 / 동명사 관용 표현

[해석] ① 나는 너무 피곤해서 나갈 수 없었다. ② 너는 농담을 잘 하니? ④ 그녀는 스카이다이빙을 하러 갈 만큼 용감했다. ⑤ 그들은 이탈리아에 가기를 고대하고 있다.

[해설] ③ '~하지 않을 수 없다'는 의미는 「cannot help v-ing」로 나타낼 수 있다. (couldn't help think → couldn't help thinking)

[어휘] tell a joke 농담을 하다   brave 용감한

19 동명사 / to부정사

[해석] 당신이 애완동물을 가지는 것을 고려하고 있다면, 이 두 가지 사항을 생각해 보세요. 첫째, 당신은 애완동물을 돌볼 시간과 에너지가 필요합니다. 예를 들어, 당신은 그들이 문제를 일으키지 않도록 그들을 훈련시켜야 합니다. 둘째, 당신은 애완동물에게 사용할 돈이 필요합니다. 당신은 그들을 위해 먹이와 장난감을 사야 합니다. 애완동물을 소유하는 것은 쉽지 않으니, 신중히 생각하세요.

[해설] ⑤ 주어로 쓰인 동명사(구)는 단수 취급하므로, 동사 역시 단수동사를 써야 한다. (are not → is not)

[어휘] consider 고려하다   train 훈련시키다   own 소유하다

20 동명사 / to부정사

[해석] ① 나는 중고 서적을 구입하는 것을 개의치 않는다. ③ 나는 가지고 요리할 프라이팬이 필요하다. ④ 많은 기술이 범죄를 막기 위해 사용된다. ⑤ 사람을 위한 음식은 고양이들이 먹기엔 너무 짜다.

[해설] ② 전치사 about의 목적어로 동명사가 와야 한다. (to make → making)

[어휘] second-hand 중고의   crime 범죄   salty 짠

21 to부정사를 이용한 구문

[해석] 그녀는 너무 바빠서 그녀의 방을 청소할 수 없다.

[해설] '너무 ~해서 …할 수 없는'의 의미는 「too + 형용사 + to-v」 또는 「so + 형용사 + that + 주어 + can't + 동사원형」의 형태로 쓸 수 있다.

22 동명사 / to부정사

[해석] 나의 꿈

나의 꿈은 가수가 1) 되는 것이다. 나는 음악을 2) 듣는 것을 즐긴다. 그것은 나를 행복하게 만든다. 나는 아시아에서 가장 훌륭한 가수가 3) 되고 싶다. 나는 매일 4) 노래하는 것을 연습할 것이다.

[해설] 1) 문장에서 보어 역할을 하는 to부정사나 동명사가 들어가야 한다.
2) enjoy는 동명사를 목적어로 쓰는 동사이다.
3) want는 to부정사를 목적어로 쓰는 동사이다.
4) practice는 동명사를 목적어로 쓰는 동사이다.

23 동명사 관용 표현

[해석] A: 한국에 있는 동안에 나를 돌봐줘서 고마워. 또 다시 한국에 방문하고 싶어. B: 그 말을 들으니 기뻐. 나는 너를 다시 만나기를 고대해.

[해설] '~하기를 고대하다'는 「look forward to v-ing」로 나타낼 수 있다.

24 to부정사의 의미상의 주어

[해설] 〈예시〉 재호가 관광객들에게 길을 알려준 것은 착한 일이었다.
1) Helena가 친구들에게 인사를 하지 않은 것은 불친절한 일이었다.
2) Ben이 제시간에 일을 끝내는 것은 불가능한 일이었다.

[해설] 1) unfriendly와 같이 사람의 성격이나 성질에 대해 주관적인 평가를 나타내는 형용사 뒤에는 「of + 목적격」으로 to부정사의 의미상의 주어를 쓴다. to부정사의 부정형은 to부정사 앞에 not을 붙여서 만든다.
2) 일반적으로 「for + 목적격」으로 to부정사의 의미상의 주어를 나타낸다.

25 to부정사를 이용한 구문

[해설] 〈보기〉 Olivia는 매우 작다. 그녀는 배구 선수가 될 수 없다. → Olivia는 배구 선수가 되기에는 너무 작다.
1) 우리는 무척 바빴다. 우리는 그 회의에 참석할 수 없었다. → 우리는 너무 바빠서 그 회의에 참석할 수 없었다.
2) 내 동생은 아주 늦게 일어났다. 그는 오늘 아침에 아침식사를 할 수 없었다. → 내 동생은 너무 늦게 일어나서 오늘 아침에 아침식사를 할 수 없었다.

[해설] '너무 ~해서 …할 수 없는'의 의미의 「too + 형용사[부사] + to-v」를 이용해 쓴다.

UNIT 03 | 모의고사

1회

1 ① 2 ④ 3 ②, ⑤ 4 ①, ④ 5 ⑤ 6 ③ 7 ② 8 ② 9 ④ 10 ③ 11 ② 12 ④ 13 ①, ②, ③ 14 ④ 15 ③ 16 ④ 17 ⑤ 18 ①, ④ 19 ①, ⑤ 20 ④ 21 1) the most interesting movie, have, watched 2) one of the most famous paintings 22 1) Not wanting to go to school 2) Entering the room 23 1) It is such a nice house 2) Do I have to take my shoes off 또는 Do I have to take off my shoes 3) You don't have to take them off 24 shocked, shaking 25 c. satisfying → satisfied d. sooner → soon

01 빈도부사

해석 William은 보통 동료들과 함께 점심을 먹는다.

해설 ① 빈도부사는 일반동사 앞에 위치해야 한다.

어휘 colleague 동료

02 현재분사

해석 무대에서 노래하는 소녀는 내 사촌이다.

해설 ④ 소녀가 노래하고 있는 것이므로 〈능동·진행〉의 의미를 가지는 현재분사 singing이 들어가야 한다. 수식어(on the stage)가 붙어 있으므로 분사가 명사 The girl을 뒤에서 수식하고 있다.

03 비교급 강조

해석 이 산은 백두산보다 훨씬 더 높다.

해설 비교급을 강조하는 부사로는 much, even, still, a lot, far 등이 있다. more와 very는 원급을 수식하는 부사이다.

04 「동사 + 부사」의 동사구

해석 나는 _____을(를) 입어[신어, 써] 보고 싶다.

① 그것 ② 네 신발 ③ 이 모자 ④ 그것들 ⑤ 초록색 스웨터

해설 try on은 「동사 + 부사」로 이루어진 동사구로, 동사구의 목적어가 대명사이면 그 대명사는 반드시 동사와 부사 사이에 와야 한다.

05 수량형용사

해석 ① 내게 약간의 도움을 줄 수 있니? ② 나는 많은 돈을 쓰지 않았다. ③ 몇 가지 질문을 해도 될까요? ④ 광장에 많은 사람들이 있었다.

해설 ⑤ 수량형용사 many 뒤에는 셀 수 있는 복수명사가 온다. water와 같이 셀 수 없는 명사 앞에는 수량형용사 much를 쓴다. (many → much)

어휘 square 광장

06 감정을 나타내는 분사

해석 ① 그 이야기는 충격적이었다. ② 그녀의 공연은 놀라웠다. ④ 나는 부끄러운 실수를 했다. ⑤ 공장에서의 소음은 정말 짜증스러웠다.

해설 ③ 감정을 나타내는 동사는 '~한 감정을 느끼는'이라는 〈수동〉의 뜻이면 과거분사로 써야 한다. (exciting → excited)

어휘 performance 공연 annoy 짜증나다

07 현재분사와 과거분사

해석 ① 햇빛의 부족은 너를 우울하게 만들 수 있다. ③ 노란 완장을 차고 있는 남자가 주장이다. ④ 우리는 이 닫힌 창문을 열어서는 안 된다. ⑤ 나는 커피 한 잔을 만들기 위해 끓는 물이 필요하다.

해설 ② 문은 '칠해지는' 대상이므로 〈수동〉의 의미를 나타내는 과거분사가 되어야 한다. (painting → painted)

어휘 depress 우울하게 만들다 armband 완장

08 현재분사와 동명사

해석 자고 있는 아기들은 사랑스럽다.

① 저 울고 있는 소녀를 봐라. ② Timothy는 산책할 것을 제안했다. ③ 그녀는 짖고 있는 개가 무서웠다. ④ 끓는 물을 조심하렴. ⑤ 불타고 있는 집 가까이 가지 마라.

해설 주어진 문장과 ①, ③, ④, ⑤의 밑줄 친 부분은 뒤에 나오는 명사를 꾸며주는 현재분사이고, ②의 밑줄 친 부분은 동사의 목적어로 쓰인 동명사이다.

어휘 bark 짖다 boil (액체가) 끓다 burn 불에 타다

09 형용사의 위치 / 부사의 위치

해석 ① 그녀는 새 재킷을 입었다. ② 너무 시끄럽다. 그것을 꺼라. ③ 나는 특별한 것을 사고 싶었다. ⑤ Henry는 가끔 한밤중에 잠에서 깬다.

해설 ④ '그렇게[무척] ~한'은 「such + a[n] + 형용사 + 명사」의 어순으로 쓴다. (such short a time → such a short time)

어휘 achieve 달성하다, 성취하다 success 성공

10 원급을 이용한 표현

해석 나는 돌고래만큼 빠르게 수영하지 않는다.

① 나는 돌고래보다 더 빠르게 수영한다. ② 나는 돌고래만큼 느리게 수영한다. ③ 돌고래는 나보다 더 빠르게 수영한다. ④ 돌고래는 나만큼 느리게 수영하지 않는다. ⑤ 돌고래는 나보다 더 빠르게 수영하지 않는다.

해설 ③ 비교급을 이용하여 「not + as[so] + 원급 + as」와 같은 의미를 나타낼 수 있다.

11 분사구문 만드는 방법

해석 나는 어렸기 때문에, 그녀를 이해하지 못했다.

해설 ② Because I was young이라는 부사절을 분사구문으로 만들려면, 부사절의 접속사 Because를 생략하고, 부사절의 주어(I)가 주절의 주어(I)와 같기 때문에 생략한 다음에, 동사를 현재분사(v-ing) 형태로 만들어

Being young으로 쓴다.

12 최상급을 이용한 표현
해석 ① 이곳이 마을에서 가장 저렴한 호텔이다. ② 그가 너희 반에서 가장 키가 크니? ③ 그것은 내가 지금까지 들어본 것 중 최고의 칭찬이다. ⑤ 에베레스트는 세계에서 가장 높은 산이다.
해설 ④ '가장 ~한 것들 중 하나'는 「one of the + 최상급 + 복수명사」의 형태로 나타낼 수 있다. (book → books)
어휘 compliment 칭찬

13 빈도부사
해석

Sally의 2019년	
무엇을?	얼마나 자주
시리얼을 먹다	거의 매일 아침
체육관에 가다	매주 금요일
영화를 보다	한 달에 한 번
학교에 지각하다	일 년에 한 번
학교에 결석하다	단 한 번도 없다

① 그녀는 2019년 아침에 보통 시리얼을 먹었다. ② 그녀는 2019년 금요일에 항상 체육관에 갔다. ③ 그녀는 2019년에 가끔 영화를 봤다. ④ 그녀는 2019년에 학교에 절대 지각하지 않았다. ⑤ 그녀는 2019년에 자주 학교에 결석했다.
해설 ④ 일 년에 한 번 학교에 지각했다고 했으므로, She was seldom late for school in 2019. 등으로 고쳐야 한다. ⑤ 한 번도 학교에 결석한 적이 없다고 했으므로, She was never absent from school in 2019.으로 고쳐야 한다.

14 분사구문
해석 아팠기 때문에 Butler 씨는 어제 가게를 일찍 닫았다.
해설 ④ 문맥상 〈이유〉를 나타내는 분사구문이므로, 빈칸에는 Because he felt sick이 들어가는 것이 가장 적절하다.

15 비교급을 이용한 표현
해석 a. 그의 조언은 네 조언보다 훨씬 더 도움이 되었다. b. 날이 어두워질수록 비가 더 많이 내렸다.
해설 a. than은 비교급과 같이 쓰이는 전치사이므로, 빈칸에는 helpful의 비교급 형태인 more helpful이 들어갈 수 있다. / b. '~하면 할수록 더 …하다'의 의미는 「the + 비교급~, the + 비교급…」으로 나타내므로 빈칸에는 dark의 비교급인 darker가 들어갈 수 있다.

16 현재분사와 과거분사 / 원급을 이용한 표현
해석 a. 나는 깨진 유리를 밟았다. b. 그 개는 공을 잡기 위해 할 수 있는 한 높이 점프했다.
해설 a. '깨진'이라는 〈수동〉의 의미이므로 과거분사 broken을 쓰는 것이 적절하다. / b. '~가 할 수 있는 한 …하게'는 「as + 원급 + as + 주어 + can」의 형태이므로, 빈칸에는 원급인 high가 들어갈 수 있다.

17 감정을 나타내는 분사 / 비교급을 이용한 표현 / 분사구문
해석 (A) 그 아이는 치과의사를 보고 겁에 질렸다. (B) 이것과 그것 중에 어느 것이 나에게 더 괜찮아 보이나요? (C) 기진맥진하여 Matt는 코트를 입은 채 잠들었다.
해설 (A) 문맥상 '겁에 질린'이라는 〈수동〉의 의미이므로 과거분사의 형태인 frightened가 와야 한다. / (B) 'A와 B 중에 어느 것이 더 ~한가?'의 의미는 「Which ~ 비교급, A or B?」로 나타내므로 비교급이 와야 한다. / (C) 접속사와 주어가 없는 것으로 보아 분사구문이므로 Being이 와야 한다.

18 빈도부사 / 수량형용사
해석 ② 나는 결코 너의 생일을 잊지 않을 것이다. ③ 그녀는 자주 시내 병원을 방문했다. ⑤ 우리는 이 서류를 출력하기 위해 종이가 많이 필요했다.
해설 ① 빈도부사는 조동사 뒤에 위치해야 한다. (always can → can always) ④ 수량형용사 a few는 셀 수 있는 복수명사 앞에 올 수 있으며, 주어가 복수명사인 경우 동사 역시 복수동사를 써야 한다. (A few student is → A few students are)
어휘 downtown 시내에[로] document 문서, 서류

19 수량형용사 / 비교 / 감정을 나타내는 분사
해석 나는 쌍둥이 여동생이 있다. 우리는 닮았지만, 우리 사이에 약간의 차이점이 있다. 그녀의 머리카락은 나의 것보다 훨씬 더 길다. 그리고 그녀는 나보다 2센티미터 키가 더 크다. 마지막으로, 그녀는 수학에 관심이 있지만, 나는 그렇지 않다.
해설 ① 수량형용사 a little은 '약간의'의 의미로 셀 수 없는 명사 앞에 올 수 있다. differences처럼 셀 수 있는 명사의 복수형 앞에는 a few를 써야 한다. (a little → a few) ⑤ interest와 같이 감정을 나타내는 동사는 '~한 감정을 느끼는'이라는 〈수동〉의 뜻이면 과거분사로 써야 한다. (interesting → interested)
어휘 twin 쌍둥이 look alike 같아 보이다

20 비교급을 이용한 표현 / 「동사 + 부사」의 동사구 / 현재분사와 과거분사 / 최상급을 이용한 표현
해설 c. fallen은 〈완료(~한)〉의 의미를 가진 과거분사로, '떨어지는'이라는 〈진행(~하고 있는)〉의 의미를 나타내기 위해서는 현재분사를 써야 한다. (fallen → falling)

21 최상급을 이용한 표현
해설 1) '(주어가) 지금까지 ~한 것 중 가장 …한'의 의미인 「the + 최상급 + 명사 (+ that) + 주어 + have ever v-ed」 구문을 이용하여 문장을 완성해 본다.
2) '가장 ~한 것들 중 하나'의 의미인 「one of the + 최상급 + 복수명사」의 구문을 이용하여 문장을 완성해 본다.

22 분사구문 만드는 방법
해석 1) 그녀는 학교에 가고 싶지 않아서, 아픈 척했다.
→ 학교에 가고 싶지 않아서, 그녀는 아픈 척했다.

2) 내가 그 방에 들어갔을 때, 바닥에 얼룩을 보았다.
→ 그 방에 들어갔을 때, 나는 바닥에 얼룩을 보았다.

해설 1) Because she didn't want to go to school이라는 부사절을 분사구문으로 만들려면, 우선 부사절의 접속사 Because를 생략하고, 주절의 주어와 같은 부사절의 주어(she)를 생략한 다음에, 동사를 현재분사(v-ing)형태로 만들어 wanting으로 쓴다. 마지막으로 부사절이 부정문이므로, 분사구문 앞에 Not을 붙여 부정형을 만든다.
2) 부사절의 접속사 When을 생략하고 주절의 주어(I)와 같은 부사절의 주어(I)를 생략한 다음에, 동사를 현재분사(v-ing)의 형태로 만들어 Entering으로 쓴다.

어휘 pretend ~인 척하다   stain 얼룩   floor 바닥

23 형용사의 위치 / 「동사 + 부사」의 동사구

해석 Alex: 우리 집에 온 걸 환영해!   태민: 와! 1) 이곳은 무척 멋진 집이구나!   Alex: 고마워! 안으로 들어와.   태민: 2) 내가 신발을 벗어야 하니?   Alex: 아니, 3) 넌 그것을 벗을 필요 없어.

해설 1) '그렇게[무척] ~한'의 표현인 「such + a[n] + 형용사 + 명사」의 형태에 유의하여 단어를 배열해 본다.
2) '~을 벗다'를 뜻하는 「동사 + 부사」의 동사구 take off의 목적어가 명사일 경우, 부사는 명사의 앞뒤에 모두 올 수 있다.
3) '~을 벗다'를 뜻하는 「동사 + 부사」의 동사구 take off의 목적어가 대명사일 경우, 그 대명사는 반드시 동사와 부사 사이에 와야 한다.

24 감정을 나타내는 분사 / 현재분사

해설 첫 번째 빈칸: shock과 같은 감정을 나타내는 동사는 '~한 감정을 느끼는'이라는 〈수동〉의 뜻이면 과거분사로 쓴다.
두 번째 빈칸: 〈진행(~하고 있는)〉의 의미를 나타낼 때는 현재분사로 쓴다.

25 「동사 + 부사」의 동사구 / 수량형용사 / 감정을 나타내는 분사 / 원급을 이용한 표현

해석 a. 너는 엎질러진 물을 주워담을 수 없다.   b. 극장 안에 사람이 거의 없다.

해설 c. satisfy처럼 감정을 나타내는 동사는 '~한 감정을 느끼는'이라는 〈수동〉의 뜻이면 과거분사로 쓴다. (satisfying → satisfied)
d. '~가 할 수 있는 한 …하게'는 「as + 원급 + as possible」로 나타낼 수 있다. (sooner → soon)

어휘 spill (액체를) 쏟다   taste 맛

UNIT 03 | 모의고사

2회

1 ②   2 ①   3 ⑤   4 ④   5 ②   6 ②   7 ④   8 ③   9 ②   10 ⑤
11 ⑤   12 ④   13 ⑤   14 ①, ③   15 ⑤   16 ②   17 ②   18 ②
19 ④   20 ③   21 1) a man walking down the street
2) a town called Springfield   22 1) healthier 2) not as[so] strong 3) more often   23 Waking up   24 Because[As/Since/When] she felt cold   25 is the biggest, have, seen

01 원급을 이용한 표현

해석 야구는 영국에서 축구만큼 인기가 있지는 않다.

해설 ② '~만큼 …하지 않은[않게]'는 「not as + 원급 + as」의 형태가 되어야 한다.

02 비교급 강조

해석 그 문제는 내가 생각했던 것보다 훨씬 더 어려웠다.

해설 ① very는 원급을 강조하는 부사이므로 비교급 앞에서 쓸 수 없다.

03 수량형용사

해석 그 작가는 _____ 책을 써왔다.
① 많은   ② 많은   ③ 약간의   ④ 많은   ⑤ 많은

해설 ⑤ 수량형용사 much는 셀 수 없는 명사 앞에 오므로, 셀 수 있는 명사 books의 앞에 들어갈 수 없다.

어휘 author 작가

04 감정을 나타내는 분사

해석 a. 모든 사람이 그 가수를 보고 흥분했다.   b. 농구는 관람하기에 흥미진진한 경기이다.

해설 ④ excite처럼 감정을 나타내는 동사는 '~한 감정을 느끼는'이라는 〈수동〉의 뜻이면 과거분사(excited), '~한 감정을 느끼게 하는'이라는 〈능동〉의 뜻이면 현재분사(exciting)로 쓴다.

05 수량형용사 / 최상급을 이용한 표현

해석 a. 우리 동네에는 몇몇 레스토랑이 있다.   b. 그는 우리 학교에서 가장 친절한 선생님들 중 한 분이시다.

해설 a. 빈칸 뒤에 셀 수 있는 명사의 복수형이 왔으므로 셀 수 있는 명사의 수량을 나타내는 a few가 빈칸에 들어갈 수 있다. / b. '가장 ~한 것들 중 하나'는 「one of the + 최상급 + 복수명사」의 형태이므로, 빈칸에는 최상급인 the kindest가 들어갈 수 있다.

06 비교

해석 ① 그녀는 나보다 더 빠르게 달릴 수 있다. ② 그는 세계에서 가장 빠른 사람이다. ③ 기차는 점점 더 빠르게 갔다. ④ 버스와 지하철 중에서 어떤 것이 더 빠르니? ⑤ 그녀는 더 빠르게 걸을수록, 숨쉬는 게 더 힘들었다.

해설 ② 빈칸 앞에 관사 the가 있고, 뒤에 최상급의 범위를 한정해 주는 말(in the world)이 있으므로 빈칸에는 최상급 fastest가 들어간다. 나머지 빈칸에는 비교급 faster가 들어간다.

어휘 breathe 호흡하다, 숨을 쉬다

07 수량형용사 / 비교급 강조

해석 a. 그녀는 수프에 너무 많은 소금을 넣었다. b. 나는 그녀보다 훨씬 빠르게 타자를 칠 수 있다.

해설 a. 빈칸 뒤에 셀 수 없는 명사(salt)가 있으므로, 셀 수 없는 명사의 수량을 나타내는 much가 들어갈 수 있다. / b. '훨씬'의 의미로 비교급을 강조하는 much가 들어갈 수 있다.

어휘 type 타자 치다

08 빈도부사

해석 (A) 나는 (절대) 너의 집을 다시 방문하지 않을 것이다. (B) 그녀는 (때때로) 친구한테서 책을 빌린다.

해설 빈도부사는 be동사나 조동사 뒤, 일반동사 앞에 위치해야 한다.

09 현재분사와 과거분사

해석 ① 저 웃고 있는 소년은 누구니? ③ 이 잠긴 창문을 어떻게 열 수 있을까? ④ 그는 해변에 누워 있는 자신의 아이들을 그렸다. ⑤ 공원에서 뛰고 있는 저 사람들을 봐라.

해설 ② 소녀가 피아노를 연주하고 있는 것이므로, 〈수동〉의 의미를 가지는 과거분사 played는 〈능동〉의 의미를 가지는 현재분사 playing으로 고쳐야 한다.

어휘 lock 잠그다

10 형용사의 위치 / 부사의 위치

해석 ① 오늘 나는 무척 좋은 시간을 보냈다. ② 이 직업은 그처럼 부끄러움을 타는 사람에게는 적합하지 않다. ③ 미안하지만 우리 약속을 연기해야만 하겠어요. ④ 그 우체부는 보통 오전 11시 전에 편지를 배달한다.

해설 ⑤ -thing으로 끝나는 대명사가 형용사와 to부정사의 수식을 동시에 받을 때는 「대명사 + 형용사 + to부정사」의 어순으로 쓴다. (interesting anything to do → anything interesting to do)

어휘 shy 부끄럼을 타는 appointment 약속

11 형용사와 부사 / 원급을 이용한 표현

해석 ① Jacob은 정크푸드를 절대 먹지 않는다. ② 서울은 도쿄만큼 혼잡하다. ③ 우리는 음식을 살 돈이 거의 없다. ④ 그녀는 사려 깊은 누군가를 만나고 싶다.

해설 ⑤ '~보다 몇 배 …한'의 의미는 「배수사 + as + 원급 + as」로 나타내므로, 원급 much를 써야 한다. (three times as more as → three times as much as)

어휘 considerate 사려 깊은 income 수입, 소득

12 분사의 쓰임

해석 ① 그 토크쇼를 진행하는 남자는 Ferraro 씨이다. ② 네 차 옆에 서 있는 저 소녀는 누구니? ③ 저 노래하고 있는 남자는 매우 행복해 보인다. ④ David는 차고에서 그의 오래된 차를 고치고 있다. ⑤ 벤치에 앉아 있는 소년은 Patrick이다.

해설 ④의 밑줄 친 부분은 「be동사 + v-ing」로 진행형을 만드는 현재분사이다. 나머지는 모두 명사를 수식하는 현재분사이다.

어휘 host 진행하다 garage 차고

13 형용사의 위치

해설 ⑤ '그렇게[무척] ~한'의 표현은 「such + a[n] + 형용사 + 명사」의 어순으로 쓴다.

14 원급을 이용한 표현

해설 ①, ③ '~가 할 수 있는 한 …하게'의 과거형 표현은 「as + 원급 + as + 주어 + could」 또는 「as + 원급 + as possible」로 나타낼 수 있다.

15 비교

해설 ⑤ 「the + 비교급~, the + 비교급 …」은 '~하면 할수록 더 …하다'의 의미이므로 '네가 패스트푸드를 더 자주 먹으면 먹을수록 건강은 더 나빠진다'라는 해석이 옳다.

16 분사구문

해석 ① 그는 나를 봤을 때, 도망갔다. ③ 그녀는 늦었기 때문에, 선생님에게 벌을 받았다. ④ 나는 그 박물관을 방문했을 때, 많은 위대한 그림들을 보았다. ⑤ 그녀는 음악을 들으면서, 발로 박자를 맞추었다.

해설 ② 분사구문을 만들 때, 부사절과 주절의 시제가 일치하면 동사는 현재분사(v-ing)형태로 바뀐다. 주절이 과거시제이므로, 부사절도 과거시제로 맞춰야 한다. (While he is having breakfast → While he was having breakfast)

어휘 run away 도망가다 punish 벌을 주다, 처벌하다 tap (손가락 등으로) 박자를 맞추다

17 비교

해석 a. Claire는 나보다 돈을 열 배 더 썼다. c. 그것은 내가 본 것 중에서 가장 큰 비둘기였다.

해설 b. '~만큼 …하지 않은'의 의미는 「not as + 원급 + as」로 쓴다. (more popular → popular) / d. '가장 ~한 것들 중 하나'는 「one of the + 최상급 + 복수명사」의 형태이다. (character → characters)

어휘 pigeon 비둘기

18 비교

해석 a. 조 선생님은 한국에서 가장 위대한 요리사 중 한 명이다. c. 그 도시는 네 생각만큼 위험하지는 않다. d. 더블베드는 보통 싱글베드보다 두 배 더 크다. e. 겨울이 다가오면서 낮이 점점 더 짧아지고 있다.

해설 b. '(주어가) 지금까지 ~한 것 중 가장 …한'의 의미는 「the + 최상급 + 명사 (+ that) + 주어 + have ever v-ed」로 쓴다. (more beautiful → most beautiful)

어휘 approach 다가오다 day 낮

19 「동사 + 부사」의 동사구 / 수량형용사 / 분사구문 / 감정을 나타내는 분사

해석 ① 전등이 내 눈을 아프게 해서, 나는 그것을 꺼버렸다. ② 이 집을 짓는 데 많은 벽돌이 사용되었다. ③ 65세 이상이므로 당신은 지하철을 무료로 이용하실 수 있습니다. ⑤ Jessica의 식당에서의 저녁 식사는 만족스러운 경험이었다.

해설 ④ English는 셀 수 없는 명사이며, 문맥상 '거의 없는'의 의미가 적절하므로 little이 와야 한다.

어휘 for free 무료로 satisfy 만족시키다

20 빈도부사 / 형용사의 위치 / 비교

해석 a. 그녀는 가끔 치마를 입는다. b. 그는 정말 이상한 사람이야!

해설 c. 1음절로 이루어진 형용사 tall은 뒤에 -est만을 붙여 최상급을 만든다. (most tallest → tallest) / d. very는 원급을 강조하는 부사이므로, 비교급 형용사인 better 앞에서 쓸 수 없다. (very → much 등)

어휘 remake 리메이크 original 원래의

21 현재분사와 과거분사

해설 1) 남자가 길을 '걸어가는' 것이므로, 〈능동·진행〉의 의미를 나타내는 현재분사로 문장을 완성한다.
2) 마을은 '불리는' 대상이므로, 〈수동〉의 의미를 나타내는 과거분사로 문장을 완성한다.

22 비교급을 이용한 표현 / 원급을 이용한 표현

해석 1) Ben은 Jack보다 더 건강하다.
2) Jack은 Ben만큼 힘이 세지 않다.
3) Jack과 Ben 중에서 누가 더 자주 운동하는가?

해설 1) 표를 통해 Ben이 Jack보다 더 건강함을 알 수 있다. 따라서 빈칸에는 healthy의 비교급인 healthier가 들어가야 한다.
2) 표를 통해 Jack이 Ben만큼 힘이 세지 않다는 것을 알 수 있다. '~만큼 …하지 않은'은 「not + as[so] + 원급 + as」의 형태이므로, 빈칸에는 not as[so]와 원급 형용사 strong이 들어가야 한다.
3) Jack은 한 달에 한 번 운동하고 Ben은 매일 운동한다고 나와 있으므로, Ben이 Jack보다 더 자주 운동한다는 것을 알 수 있다. 따라서 빈칸에는 '자주'를 의미하는 부사 often의 비교급이 들어가야 한다.

어휘 strength 힘

23 분사구문

해석 나는 일어났을 때, 눈이 내리고 있는 것을 봤다.
→ 일어났을 때, 나는 눈이 내리고 있는 것을 봤다.

해설 When I woke up이라는 부사절을 분사구문으로 만들려면, 우선 부사절의 접속사 When을 생략하고, 주절의 주어(I)와 같은 부사절의 주어(I)를 생략한 다음에, 동사를 현재분사(v-ing) 형태로 만들어 Waking up으로 쓴다.

24 분사구문

해석 추워서, 그녀는 담요로 그녀의 다리를 감쌌다.
→ 추워서[추웠을 때], 담요로 그녀의 다리를 감쌌다.

해설 Feeling cold라는 분사구문을 부사절로 만들면, 우선, 부사절에 문맥상 알맞은 접속사 Because[As/Since/When]를 삽입하고, 주절의 주어(she)와 같기 때문에 생략된 부사절의 주어(she)를 삽입한 다음에, 분사구문의 현재분사(Feeling)는 주절의 시제와 일치하는 동사(felt)로 변형한다.

어휘 wrap [둘러]싸다 blanket 담요

25 최상급을 이용한 표현

해설 '(주어가) 지금까지 ~한 것 중 가장 …한'의 의미는 「the + 최상급 + 명사 (+ that) + 주어 + have ever v-ed」로 나타낼 수 있다.

UNIT 04 | 모의고사

1회

1 ④　2 ⑤　3 ③　4 ④　5 ① 　6 ④　7 ④　8 ③　9 ②, ⑤
10 ②, ④　11 ⑤　12 ②　13 ①　14 ⑤　15 ②　16 ①
17 ④　18 ③　19 ②　20 ③　21 1) Some 2) others
3) The others　22 1) Although it was raining, we went
outside. 2) Because I don't have a job, I can't afford a
new car.　23 1) which is known for its beautiful beaches
2) who[whom] I meet every day　24 1) One, the other
2) either, or　25 3행: the way how → the way 또는 how /
6행: that → whether 또는 if

01 목적격 관계대명사와 전치사
해석 Brown 씨는 내가 함께 일하고 싶었던 사람이다.
해설 선행사가 사람이므로 보기 중 목적격 관계대명사인 whom이나 that을 쓸 수 있다. 그러나 빈칸 앞에 전치사 with가 있으므로 빈칸에는 ④ whom만 쓸 수 있다.

02 관계대명사 what
해석 스카이다이빙은 내가 하고 싶은 것이다.
해설 빈칸에는 '~하는 것'의 의미로 선행사를 포함한 관계대명사 ⑤ what이 들어가야 한다.

03 부사절을 이끄는 종속접속사
해석 a. 나는 매우 화가 났지만, 내 여동생을 용서했다.　b. 아빠가 젊으셨을 때, 그는 강에서 수영했다.　c. 너는 필요하다면 내 펜을 써도 된다.　d. 그 셔츠가 너무 컸기 때문에 그녀는 그것을 교환했다.
해설 a. 빈칸에는 '비록 ~이지만'이라는 뜻의 종속접속사 ⑤ Although가 들어가야 한다. / b. 빈칸에는 '~할 때'라는 뜻의 종속접속사 ② When이 들어가야 한다. / c. 빈칸에는 '만약 ~라면'이라는 뜻의 종속접속사 ① if가 들어가야 한다. / d. 빈칸에는 '~이기 때문에'라는 뜻의 종속접속사 ④ because가 들어가야 한다.
어휘 forgive 용서하다　exchange 교환하다

04 관계대명사의 격
해석 ① 그것이 네가 구입할 수 있는 가장 저렴한 표이다.　② 이것은 내가 봤던 최고의 영화이다.　③ 나는 그를 행복하게 할 무언가를 살 것이다.　④ 이것은 이름이 Midas인 왕에 대한 이야기이다.　⑤ 경찰은 Miller 씨의 가방을 훔친 남자를 체포했다.
해설 ④의 빈칸에는 사람을 선행사로 하는 소유격 관계대명사 whose가

와야 한다.
어휘 arrest 체포하다

05 상관접속사의 수 일치
해석 ② 내 여동생도 나도 차가 없다.　③ Jake 또는 그의 부모님이 Ann의 결혼식에 가야 한다.　④ 시합이 끝났을 때 선수들뿐만 아니라 코치도 울고 있었다.　⑤ 나의 여동생들뿐만 아니라 나의 남동생도 내 요리를 좋아한다.
해설 ① 「both A and B」는 'A와 B 둘 다'의 의미로 복수 취급하므로, 동사 역시 복수동사를 써야 한다. (is → are)

06 관계대명사의 격
해석 ① 그것은 내가 사고 싶었던 자전거이다.　② 우리는 귀가 매우 긴 개를 가지고 있다.　③ Clare는 Sam에게서 받은 인형을 가지고 있다.　⑤ 그는 내가 어제 인터뷰했던 남자이다.
해설 ④ 선행사가 사람일 때 주격 관계대명사는 who 또는 that을 써야 한다. (which → who[that])

07 부정대명사
해석 a. 각각의 팀은 훌륭한 선수들을 가지고 있다.　b. 너는 멋진 시계를 가지고 있구나! 나도 같은 것을 사고 싶어.
해설 a. 「each of + 복수명사」는 '각각(의)'라는 뜻으로 단수 취급하므로, 동사 역시 단수동사를 써야 한다. / b. 앞에 언급된 명사와 같은 종류의 대상을 가리킬 때 쓰이는 부정대명사 one을 써야 한다.

08 관계부사
해석 a. 그녀는 그가 울고 있었던 이유를 알았다.　b. 이곳은 내가 2015년까지 살았던 마을이다.
해설 a. 선행사가 이유(the reason)일 때는 관계부사 why를 써야 한다. / b. 선행사가 장소(the town)일 때는 관계부사 where를 써야 한다.

09 상관접속사
해석 ① Alexa는 디자이너가 아니라 모델이다.　② Alexa는 디자이너일 뿐만 아니라 모델이기도 하다.　③ Alexa는 디자이너이거나 모델이다.　④ Alexa는 디자이너도 모델도 아니다.　⑤ Alexa는 디자이너일 뿐만 아니라 모델이기도 하다.
해설 'A뿐만 아니라 B도'의 의미를 가진 상관접속사는 not only A but also B 또는 B as well as A이다.

10 부정대명사
해석 우리 회사에서 나온 _____ 휴대전화는 고유한 일련번호를 가지고 있습니다.
① 모든　② 각각의　③ 둘 다　④ 모든　⑤ 그것
해설 빈칸 뒤에 단수 명사(cell phone)와 단수형 동사(has)가 왔으므로 빈칸에는 Each나 Every가 와야 한다.
어휘 serial number 일련번호

11 관계대명사의 생략

해석 ① 나는 그가 말한 것을 이해하지 못했다. ② Ethan은 나를 믿어주는 유일한 사람이다. ③ 나와 함께 일하는 사람들은 친절하다. ④ 그녀는 프랑스에서 만든 비싼 가방을 갖고 있다. ⑤ 그는 내가 가장 좋아하는 배우다.

해설 ⑤ 목적격 관계대명사는 생략할 수 있다. ③의 whom은 목적격 관계대명사이나, 전치사와 나란히 쓰였기 때문에 생략할 수 없다.

12 종속접속사 as

해석 ① 하늘이 너무 흐려서 우리는 별을 볼 수 없었다. ② 나갈 때 불 끄는 것을 잊지 마. ③ 그가 나에게 거짓말을 했기 때문에 나는 매우 화가 난다. ④ 눈이 많이 와서 도로가 통제됐다. ⑤ Matthew는 배가 아파서 침대에 누워 있었다.

해설 ②의 as는 '~할 때'라는 뜻의 시간을 나타내는 종속접속사이고, 나머지는 모두 '~이기 때문에'라는 뜻의 이유를 나타내는 종속접속사이다.

어휘 switch off ~을 끄다 block 통제[차단]하다 stomachache 복통

13 종속접속사 that과 관계대명사 that

해석 ① 그가 돌아왔다는 것은 좋은 일이다. ② 나는 그가 쓴 책을 읽었다. ③ 그는 내가 가장 존경하는 선생님이다. ④ Helen은 내가 캐나다에서 만난 사진작가이다. ⑤ 나는 Todd 씨가 만든 신발을 사고 싶다.

해설 ①의 밑줄 친 that은 주어 역할을 하는 명사절을 이끄는 종속접속사이고, 나머지는 모두 선행사를 수식하는 목적격 관계대명사 that이다.

어휘 respect 존경하다 photographer 사진사

14 재귀대명사

해석 ① 너는 네 자신을 사랑해야 한다. ② 나는 가끔 혼잣말을 한다. ③ 그녀는 칼에 베었다. ④ 그는 창문에 비친 자신을 바라보았다. ⑤ Jaden은 이 아름다운 노래를 직접 만들었다.

해설 ⑤의 밑줄 친 부분은 '자신이, 직접'이라는 뜻으로 주어를 강조하기 위해 사용된 강조 용법의 재귀대명사이고, 나머지는 모두 동사나 전치사의 목적어로 사용된 재귀 용법의 재귀대명사이다.

15 관계대명사 what

해석 ① 이것이 내가 언니의 생일에 산 것이다. ② 네가 방금 들은 것을 누구에게도 얘기하지 마. ③ 공포 영화를 보는 것은 내가 가장 좋아하는 것이다. ④ 저 꽃들은 아빠가 지난달에 심으신 것들이다. ⑤ 실패는 내가 두려워하는 것이 아니다.

해설 ②의 what이 이끄는 절은 문장의 목적어 역할을 하고, 나머지는 모두 주격보어 역할을 한다.

어휘 plant (나무씨앗 등을) 심다

16 부정대명사 구문

해석 상자 안에 토끼가 몇 마리 있다. 하나는 흰색이고, 다른 일부는 갈색이며 나머지 전부는 검정색이다.

해설 여러 대상 중 하나는 one, 다른 어떤 일부는 others, 나머지 전부는 the others로 나타낸다.

17 부정대명사 / 종속접속사 / 관계부사 / 상관접속사

해설 c. a country를 선행사로 하는 관계부사 where 또는 「전치사 + 관계대명사」가 되어야 한다. (which → where[in which])

18 부정대명사 / 관계대명사 / 의미가 같은 접속사와 전치사

해석 (A) 너 종이 좀 있니? 난 하나도 없어. (B) 이것은 나의 아빠가 지으신 집이다. (C) Amy는 독감 때문에 온종일 집에 있었다.

해설 (A) 부정문에 쓰이는 부정대명사는 any이다. / (B) 괄호 앞에 선행사(the house)가 있으므로, 괄호에는 관계대명사 that이 들어갈 수 있다. what은 선행사를 포함하는 관계대명사이므로, 앞에 선행사가 올 수 없다. / (C) 괄호 뒤에 명사가 나오므로, 괄호에는 전치사 because of가 들어갈 수 있다. 접속사 because 뒤에는 「주어 + 동사」 형태의 절이 와야 한다.

어휘 flu 독감

19 명사절을 이끄는 종속접속사 that

해석 그가 오디션에 통과한 것은 놀랍다.
① 나는 모든 사람이 행복하기를 바란다. ② 그가 그 드레스를 디자인했다는 것은 거짓말이었다. ③ 그는 의사가 되고 싶다고 말했다. ④ 그녀는 자신의 시계를 잃어버렸다고 생각한다. ⑤ 중요한 것은 내가 그 도둑을 봤다는 것이다.

해설 주어진 문장과 ②의 밑줄 친 부분은 문장에서 명사절을 이끌어 주어 역할을 하는 종속접속사 that절이고, ①, ③, ④는 목적어 역할을, ⑤는 보어 역할을 하는 종속접속사 that절이다.

어휘 thief 도둑

20 관계대명사의 생략 / 명사절을 이끄는 종속접속사 / 재귀대명사

해석 a. 나는 네가 잃어버린 립스틱을 찾았다. b. 나는 정직이 매우 중요하다고 생각한다. c. Fred의 옆에 앉아 있는 남자는 우리의 새 관리자이다. d. Steve는 그의 새 이웃들에게 자신을 소개했다. e. 그는 우리 반에서 러시아어를 할 수 있는 유일한 사람이다.

해설 d. 목적어로 쓰인 재귀대명사는 생략할 수 없다. / e. 주격관계대명사 that은 생략할 수 없다.

21 부정대명사 구문

해석

새해 계획	여행 가기	외국어 배우기	규칙적으로 운동하기
친구 20명	5	8	7

나는 내 친구 20명에게 그들의 새해 계획에 대해 물어보았다. 1) 일부는 여행을 가고 싶어하고 2) 다른 일부는 외국어를 배우고 싶어한다. 3) 나머지 전부는 규칙적으로 운동하기를 원한다.

해설 여러 대상 중에 일부는 some, 또 다른 일부는 others, 나머지 전부는 the others로 쓴다.

22 부사절을 이끄는 종속접속사

[해석] 1) 비가 오고 있었다. 우리는 밖으로 나갔다. → 비록 비가 오고 있었지만, 우리는 밖으로 나갔다.
2) 나는 새 차를 구입할 형편이 안 된다. 나는 직업이 없다. → 나는 직업이 없기 때문에 새 차를 구입할 형편이 안 된다.

[해설] 1) '비록 비가 오고 있었지만, 우리는 밖으로 나갔다.'라는 의미가 되어야 하므로 첫 번째 문장 앞에 although를 붙여 나타낸다.
2) '나는 직업이 없기 때문에 새 차를 구입할 형편이 안 된다.'라는 의미가 되어야 하므로 두 번째 문장 앞에 because를 붙여 나타낸다.

23 관계대명사

[해석] 이름: Lily
고향: 샌디에고. 그것은 아름다운 해변으로 유명하다.
취미: 매일 친구를 만나는 것과 내 강아지 Tabby를 산책시키는 것
나는 Lily야. 난 샌디에고에 살아. 이곳은 1) 아름다운 해변으로 유명한 도시야. 나는 친구들과 시간을 보내는 것을 아주 좋아해. Isabella는 2) 내가 매일 만나는 친구야. 그리고 나는 나의 강아지 Tabby를 산책시키는 것도 무척 좋아해.

[해설] 1) 선행사가 사물(a city)이므로 주격 관계대명사 which를 이용해 써야 한다.
2) 선행사가 사람(a friend)이므로 목적격 관계대명사 who 또는 whom을 이용해 써야 한다.

24 부정대명사 구문 / 상관접속사

[해설] 1) 둘 중에서 하나는 one, 나머지 하나는 the other로 쓴다.
2) 'A 또는 B'의 뜻을 가진 상관접속사는 「either A or B」이다.

[어휘] add 덧붙이다, 추가하다   soy sauce 간장

25 재귀대명사 / 관계부사 / 명사절을 이끄는 종속접속사

[해석] A: 와! 너는 혼자서 컴퓨터를 고쳤니?   B: 응, 그랬어. 그건 쉬웠어.
A: 네가 어떻게 그것을 고쳤는지 나에게 말해주겠니?   B: 왜?   A: 여동생이 내 컴퓨터를 망가뜨렸는데, 내가 그것을 고칠 수 있을지 없을지 모르겠거든.   B: 걱정하지마. 내가 너를 도와줄게.

[해설] 3행: 관계부사 how는 선행사 the way와 함께 쓸 수 없고, 둘 중 하나만 써야 한다. (the way how → the way 또는 how)
6행: 문장 뒤에 있는 or not은 종속접속사 whether 또는 if와 함께 쓰여 '~인지 아닌지'의 의미를 나타낸다. (that → whether 또는 if)

UNIT 04 | 모의고사

2회

1 ④   2 ②   3 ③   4 ④   5 ②   6 ①   7 ⑤   8 ③   9 ②
10 ①   11 ⑤   12 ②   13 ②   14 ⑤   15 ④   16 ④   17 ⑤
18 ①   19 ③   20 ①   21 1) bought a gift for himself
2) climbed the mountain by herself   22 1) Bangkok was the city where I ate Thai noodles for the first time.
2) The nanny couldn't find the reason why the baby was sick.   23 1) not, but 2) not only, but 3) neither, nor
24 Some, others, the others   25 a. what → that

01 관계대명사의 격

[해설] ④ 선행사 house를 수식하며 '~의' 의미를 나타내는 소유격 관계대명사 whose가 적절하다.

02 재귀대명사

[해석] ① 나는 나 자신의 사진을 찍었다.   ② James가 이 소설을 직접 썼다.   ③ 너는 너 자신을 사랑해야 한다.   ④ 그는 요리를 하다가 화상을 입었다.   ⑤ 그녀는 혼자서 저녁을 먹어야 했다.

[해설] ② 강조 용법으로 사용된 재귀대명사는 생략할 수 있다. 나머지는 모두 동사나 전치사의 목적어로 사용된 재귀 용법의 재귀대명사이므로 생략할 수 없다.

03 관계대명사의 격

[해석] ① 우리 삼촌은 내가 존경하는 분이다.   ② 그녀는 어머니가 주신 반지를 잃어버렸다.   ③ 나는 형이 경찰인 친구가 있다.   ④ 너는 빨간색 모자를 썼던 그 남자를 기억하니?   ⑤ 맛있는 커피를 파는 가장 가까운 카페가 어디니?

[해설] ③ 사람을 선행사로 하는 소유격 관계대명사 whose가 와야 한다.

[어휘] admire 존경하다   serve 제공하다

04 부사절을 이끄는 종속접속사

[해석] ① 그는 자신의 개가 죽어서 울고 있었다.   ② 엘리베이터가 고장이라서 나는 계단을 이용했다.   ③ 그녀는 차가 없어서, 나는 그녀를 태워다 줬다.   ④ 너무 추워서, 나는 가스 난로를 켰다.   ⑤ 식당이 문을 닫아서, 우리는 집으로 돌아왔다.

[해설] ④의 빈칸에는 결과를 나타내는 so ~ that의 so가 들어가고 나머지는 모두 이유를 나타내는 because가 들어간다.

[어휘] stairs 계단   give (somebody) a ride (~을) 태워 주다

05 부정대명사 구문

해석 A: 저희는 두 가지 서로 다른 피자가 있습니다. 하나는 하와이안이고 나머지 하나는 페퍼로니입니다. B: 저는 페퍼로니 피자 한 조각을 먹을게요.

해설 ② 둘 중에서 하나는 one, 나머지 하나는 the other로 써야 한다.

06 관계대명사의 격

해석 그녀는 NE 병원에서 일하는 간호사이다.
① 나는 뚱뚱한 고양이를 가지고 있다. ② 이것이 네가 잃어버린 가방이니? ③ 이것은 내가 이미 읽은 책이다. ④ 나는 네가 나에게 준 향수를 사용했다. ⑤ 내가 런던에서 만났던 남자가 TV에 나온다.

해설 주어진 문장과 ①의 밑줄 친 부분은 주격 관계대명사이고, 나머지 밑줄 친 부분은 모두 목적격 관계대명사이다.

어휘 perfume 향수 appear 나타나다, 나오다

07 종속접속사

해석 ① 가격이 맞는지 확인해 주세요. ② 방에 들어가기 전에 신발을 벗으세요. ③ 그는 하키를 하다가 다쳤다. ④ 비록 날씨가 나빴지만 나는 조깅하러 갔다.

해설 ⑤ '만약 ~하지 않으면'의 의미는 unless 혹은 if ~ not으로 쓴다. (unless you don't put it → unless you put it 또는 if you don't put it)

어휘 go bad 썩다, 나빠지다 refrigerator 냉장고

08 부정대명사

해석 a. 녹색 카드들은 우리 가족을 위한 것이고, 파란 것들은 내 친구들을 위한 것이다. b. 그 꽃들은 싱싱하지 않아서 나는 전혀 사지 않았다.

해설 a. 앞에 언급된 명사와 같은 종류의 것을 가리키는 one의 복수형 ones를 써야 한다. / b. 부정문에서 사용되는 부정대명사는 any이다.

09 조건 부사절의 시제

해석 그녀가 뉴욕을 방문한다면, 제일 먼저 자유의 여신상에 갈 것이다.

해설 ② 조건을 나타내는 부사절에서는 현재시제가 미래를 대신한다.

10 관계대명사의 생략

해석 ① 나는 문을 열 수 있는 열쇠를 찾았다. ② 나는 어제 산 바지가 마음에 든다. ③ 이것은 1653년에 만들어진 바이올린이다. ④ Tom이 초대했던 손님들은 Green 씨 부부였다. ⑤ 홍수에 파괴되었던 도로가 곧 다시 열릴 것이다.

해설 ①의 밑줄 친 부분은 주격 관계대명사로, 생략할 수 없다. ②와 ④는 목적격 관계대명사로 생략 가능하며, ③과 ⑤처럼 「주격 관계대명사 + be동사」는 뒤에 분사가 이어질 때 생략할 수 있다.

어휘 destroy 파괴하다 flood 홍수

11 종속접속사 so ~ that

해석 ① 이 차는 너무 뜨거워서 지금 마실 수가 없다. ② 콘서트 티켓이 너무 비싸서 나는 그것을 살 수 없었다. ③ Amanda는 공부를 매우 열심히 해서 시험에서 만점을 받았다. ④ 날씨가 너무 추워서 우리는 밖에 나가지 않았다.

해설 ⑤ '너무[매우] ~해서 …하다'라는 뜻의 결과를 나타내는 접속사 「so ~ that …」 구문이 사용된 문장이므로, that 이하는 앞 부분의 결과가 되어야 한다. 이야기가 슬퍼서 웃음을 터뜨리는 것은 원인과 결과가 맞지 않으므로 어색하다.

어휘 burst into (갑자기) ~을 터뜨리다

12 상관접속사의 수 일치

해석 ① Sally나 내가 운전을 할 것이다. ③ 그와 그의 아버지 모두 열심히 일한다. ④ 우리 부모님뿐 아니라 언니도 내 새 머리 스타일을 좋아한다. ⑤ Brian도 나도 그의 이야기를 믿지 않는다.

해설 ② 「not A but B」는 'A가 아니라 B인'의 의미로 동사는 B의 수에 일치시켜야 하므로 단수동사를 써야 한다. (have → has)

13 관계대명사 / 상관접속사 / 부정대명사

해석 ① 이 아이는 일본에 사는 내 여동생이다. ③ 그것들 각각은 색이 다르다. ④ 그녀는 과학도 수학도 좋아하지 않는다. ⑤ 나는 피아노를 연주하는 것뿐만 아니라 축구를 하는 것도 좋아한다.

해설 ② 「both A and B」는 'A와 B 둘 다'의 뜻으로 복수 취급하기 때문에, 동사 역시 복수동사를 써야 한다. (is → are)

14 종속접속사

해석 ① 네가 더 크게 말하지 않으면 나는 네 말을 들을 수 없을 거야. → 네가 더 크게 말하지 않으면 나는 네 말을 들을 수 없을 거야. ② 나는 병원에 있는 Lily를 방문하기 전에 과일을 좀 샀다. → 나는 과일을 좀 산 뒤에 병원에 있는 Lily를 방문했다. ③ 늦었기 때문에, 우리는 호텔 안에 머물렀다. → 늦었기 때문에, 우리는 호텔 안에 머물렀다. ④ 그가 한 달 안에 10 kg을 뺀 것은 놀랍다. → 그가 한 달 안에 10 kg을 뺀 것은 놀랍다. ⑤ 식당이 시끄러워서 나는 큰 소리로 이야기했다. → 내가 큰 소리로 이야기해서, 식당은 시끄러웠다.

해설 ⑤ 접속사 so는 '그래서'라는 뜻으로 뒤에 결과가 오고 because는 '~때문에'라는 뜻으로 뒤에 원인이 온다.

15 종속접속사 when과 관계부사 when

해석 ① 그는 지하철을 탈 때 책을 읽는다. ② Mike는 공항에 도착할 때 나에게 전화할 것이다. ③ 나는 내 강좌를 끝마칠 때 이 나라를 떠날 것이다. ④ 12월은 겨울 방학이 시작하는 달이다. ⑤ 그녀는 그가 돌아왔을 때 TV를 보고 있었다.

해설 ④의 밑줄 친 부분은 선행사(the month)를 수식하는 관계부사이며, 나머지 밑줄 친 부분은 모두 '~할 때'라는 뜻의 부사절을 이끄는 종속접속사이다.

16 종속접속사 that과 관계대명사 that

해석 ① 나는 Lucas가 좋은 사람이라는 것에 동의한다. ② 그녀가 마흔 살이 넘었다는 것은 나를 놀라게 했다. ③ 그녀는 운동하는 것이 중요하다

고 생각한다. ④ 나는 네가 신고 있는 신발이 마음에 든다. ⑤ 너는 그녀가 어제 학교에 결석했다는 것을 알았니?

해설 ④의 밑줄 친 부분은 선행사(the shoes)를 수식하는 목적격 관계대명사이고, 나머지 밑줄 친 부분은 모두 '~라는 것'이라는 뜻의 명사절을 이끄는 종속접속사이다.

어휘 be absent from ~에 결석하다

17 관계부사

해석 ① 베이징은 나의 이모가 사는 도시이다. ② 너는 그녀가 늦는 이유를 아니? ③ 이곳은 내가 아내와 결혼한 교회이다. ④ 2019년은 내가 Henry 씨를 처음으로 만났던 해였다.

해설 ⑤ 관계부사 how는 선행사 the way와 함께 쓸 수 없고, 둘 중 하나만 써야 한다. (the way how → the way 또는 how)

어휘 react 반응하다

18 의미가 같은 접속사와 전치사

해석 (A) 유미는 점심시간 동안 잠을 잤다. (B) 그것의 비싼 가격에도 불구하고 그 스피커는 아주 인기가 있다. (C) 비행기에 문제가 있었기 때문에 내 항공편이 취소되었다.

해설 전치사 뒤에는 명사(구)가 오고 접속사 다음에는 「주어 + 동사」 형태의 절이 온다.

19 재귀대명사 / 부정대명사 / 시간 부사절의 시제

해석 (A) John과 Teresa는 그들의 집을 직접 지었다. (B) 모든 차는 움직이기 위해 엔진이 필요하다. (C) 우리는 이 TV 프로그램이 끝난 뒤에 수영하러 갈 것이다.

해설 (A) '홀로, 혼자서'의 의미는 by oneself로 재귀대명사를 사용해서 나타낸다. / (B) 뒤에 복수명사와 복수동사가 왔으므로 All이 적절하다. Every는 단수 취급한다. / (C) 시간을 나타내는 부사절에서는 현재시제로 미래시제를 나타낸다.

20 관계대명사 / 명사절을 이끄는 종속접속사 / 관계부사

해석 a. 나는 그녀가 자신의 생일에 원하는 것을 안다. b. 나는 그녀가 그곳에 있었는지를 확신할 수 없다. c. 네가 화난 이유를 나에게 말해줘. d. 이곳이 대통령이 머물렀던 호텔이다.

해설 a. 빈칸에는 선행사를 포함하는 관계대명사 ⑤ what이 들어가야 한다. / b. 빈칸에는 명사절을 이끄는 종속접속사 ② whether가 들어가야 한다. / c. 빈칸에는 이유를 나타내는 관계부사 ③ why가 들어가야 한다. / d. 빈칸에는 장소를 나타내는 관계부사 ④ where가 들어가야 한다.

21 재귀대명사

해설 1) '스스로를 위해'의 의미인 for oneself의 형태에 유의하여 단어를 배열해 본다.
2) '홀로, 혼자서'의 의미인 by oneself의 형태에 유의하여 단어를 배열해 본다.

22 관계부사

해석 1) 방콕은 도시였다. + 나는 방콕에서 태국식 면 요리를 처음 먹었다. → 방콕은 내가 태국식 면 요리를 처음 먹어본 도시였다.
2) 보모는 이유를 알 수 없었다. + 아기는 그 이유로 아팠다. → 2) 보모는 아기가 아픈 이유를 알 수 없었다.

해설 1) the city를 선행사로 하는 관계부사 where를 이용해 문장을 완성한다.
2) the reason을 선행사로 하는 관계부사 why를 이용해 문장을 완성한다.

어휘 Thai 태국의 nanny 보모

23 상관접속사

해석 1) Gabby는 의사가 아니라 간호사이다.
2) 그녀는 음악뿐만 아니라 책도 좋아한다.
3) 그녀는 뱀도 콜라도 좋아하지 않는다.

해설 1) 표를 통해 Gabby의 직업이 간호사임을 알 수 있다. 'A가 아니라 B인'이라는 뜻의 「not A but B」를 이용해서 빈칸을 완성해 본다.
2) 표를 통해 Gabby는 음악과 책을 다 좋아한다는 것을 알 수 있다. 'A뿐만 아니라 B도'라는 뜻의 「not only A but also B」를 이용해서 빈칸을 완성해 본다.
3) 표를 통해 Gabby는 뱀과 콜라를 모두 좋아하지 않는다는 것을 알 수 있다. 'A도 B도 아닌'이라는 뜻의 「neither A nor B」를 이용해서 빈칸을 완성해 본다.

24 부정대명사 구문

해석 나는 처음으로 동물원에 갔다. 사자가 가장 인상적인 동물이었다. 열 마리 이상의 사자가 있었다. 어떤 사자들은 낮잠을 자고 있었고, 다른 사자들은 먹고 있었다. 그리고 나머지 사자들은 모두 우리 안을 걸어 다니고 있었다.

해설 여러 대상 중 일부를 some이라고 하면, 다른 일부는 others로, 그리고 나머지 전부는 the others로 표현한다.

어휘 impressive 인상적인 nap 낮잠을 자다 cage (동물의) 우리

25 관계대명사 / 재귀대명사 / 부정대명사

해석 b. 내 아들은 혼자서 알파벳을 배웠다. c. 모든 학생은 그 행사에 참가해야 한다.

해설 a. 관계대명사 what은 선행사를 포함한 관계대명사이기 때문에, 앞에 선행사(the most expensive thing)가 올 수 없다. 선행사에 최상급이 있으므로 관계대명사 that이 되어야 한다. (what → that)

어휘 participate in ~에 참가하다

UNIT 05 | 모의고사

1회

1 ④ 2 ③ 3 ⑤ 4 ② 5 ③ 6 ① 7 ① 8 ⑤ 9 ③ 10 ②
11 ④ 12 ② 13 ② 14 ⑤ 15 ④ 16 ① 17 ④ 18 ④
19 ② 20 ②, ⑤ 21 had been, have given 22 were as
tall as him[my brother] 23 1) me to do the dishes
2) me turn off the TV 24 1) had money, I could[would]
lend you some (money) 2) had not been rainy, we
would[could] have gone on a picnic 25 a. brightly →
bright d. come → to come

01 주어 + 동사 + 목적어 + 목적격보어 (5형식)
해석 조 씨는 그의 딸이 저녁식사에 친구를 데리고 오게 했다.
해설 ④ 사역동사 let은 목적격보어로 동사원형을 쓴다.

02 I wish + 가정법 과거완료
해설 '(과거에) ~했다면 좋을 텐데'의 의미는 I wish를 사용한 가정법 과거
완료인, 「I wish + 주어 + had v-ed」의 형태로 쓴다.

03 주어 + 감각동사 + 형용사 (2형식)
해석 나는 오늘 Dave를 봤다. 그는 _____ 보였다.
① 행복한 ② 창백한 ③ 외로운 ④ 건강한 ⑤ 심각하게
해설 look과 같은 감각동사 뒤에는 보어로 형용사가 와야 하며, 부사인 ⑤
seriously는 올 수 없다.

04 4형식 문장의 3형식 전환
해석 그녀는 남자친구에게 사진을 _____.
① 보냈다 ② 찾았다 ③ 보여 주었다 ④ 가지고 왔다 ⑤ 주었다
해설 4형식 문장을 3형식으로 전환할 때 동사 find는 간접목적어 앞에 전
치사 for를 쓰며, 나머지 동사들은 모두 전치사 to를 쓴다.

05 I wish + 가정법 과거 / 가정법 과거
해석 a. Jenna와 내가 같은 반이면 좋을 텐데. b. 그녀가 여기 있다면 날
위해 기뻐해 줄 텐데.
해설 ③ 가정법 과거에서 be동사는 주어의 인칭과 수에 관계없이 보통
were를 쓴다.

06 4형식 문장의 3형식 전환
해석 a. Taylor 선생님은 학생들에게 과학을 가르쳤다. b. 그녀는 어제 나

에게 꽃을 가져다 주었다.
해설 ① 4형식 문장을 3형식으로 전환할 때 동사 teach와 bring은 간접
목적어 앞에 전치사 to를 쓴다.

07 목적격보어로 동사원형을 쓰는 경우 / 가정법 과거
해석 a. 그녀는 잠시 동안 나를 가만히 서 있게 했다. b. 내가 너라면, 나는
모닥불 가까이 서 있지 않을 텐데.
해설 a. 사역동사 make는 목적격보어로 동사원형(stand)을 쓴다. /
b. 주어진 문장은 「If + 주어 + 동사의 과거형, 주어 + 조동사의 과거형 + 동
사원형」 형태의 가정법 과거이므로, 빈칸에는 동사원형(stand)이 들어가야
한다.
어휘 stand still 가만히 있다

08 4형식 문장의 3형식 전환
해석 ① 내 팬들 중 한 명이 나에게 선물을 보냈다. ② 내가 너에게 부탁을
하나 해도 될까? ③ 그녀는 작년에 우리에게 생물학을 가르쳤다. ④ 나의
여동생은 가족에게 저녁을 만들어 주었다.
해설 ⑤ 4형식 문장을 3형식으로 전환할 때 동사 buy는 간접목적어 앞에
전치사 for를 쓴다. (to → for)
어휘 biology 생물학

09 가정법 과거 / 가정법 과거완료
해석 ① 그녀가 살아있다면 20살일 텐데. ② 이 수프는 따뜻하다면 훨씬
더 맛있을 텐데. ④ 내가 의사였다면 아픈 사람들을 도울 수 있었을 텐데.
⑤ 네가 조심했다면 열쇠를 잃어버리지 않았을 텐데.
해설 ③ 가정법 과거완료는 「if + 주어 + had v-ed, 주어 + 조동사의 과거
형 + have v-ed」의 형태이므로 밑줄 친 부분은 「had v-ed」 형태로 써야
한다. (had have → had had)

10 가정법 / 조건문
해설 ② I wish를 사용한 가정법 과거완료는 '(과거에) ~했다면[였다면] 좋
을 텐데'라는 의미이다. 따라서, ②의 문장은 '나의 가족과 함께 저녁을 먹었
다면 좋을 텐데.'라고 해석하는 것이 옳다.

11 목적격보어로 to부정사를 쓰는 경우
해석 a. 그녀는 내게 그녀의 여행가방을 옮겨달라고 부탁했다. b. 나는 나
의 개가 정원에서 놀게 했다.
해설 ④ 5형식 문장에서 ask와 allow는 둘 다 목적격보어 자리에 to부정
사를 써야 한다.

12 가정법 과거 / 가정법 과거완료
해석 a. 내가 복권에 당첨된다면 나는 집을 살 텐데. b. Emily에게 충분
한 시간이 있었다면 그녀는 중국으로 여행 갔을 텐데.
해설 a. 주어진 문장은 「If + 주어 + 동사의 과거형, 주어 + 조동사의 과거
형 + 동사원형」 형태의 가정법 과거이므로, 빈칸에는 동사원형이 들어가야
한다. / b. 주어진 문장은 「If + 주어 + had v-ed, 주어 + 조동사의 과거형

+ have v-ed」 형태의 가정법 과거완료이므로, 빈칸에는 「had v-ed」 형태가 들어가야 한다.

어휘 lottery 복권

13 4형식으로 착각하기 쉬운 3형식 동사

해석 ① 나는 너에게 그녀를 소개할 것이다.   ③ Oliver는 그의 여자친구에게 목걸이를 주었다.   ④ 그녀의 할머니는 그녀에게 옛날 이야기를 해 주셨다.   ⑤ 그는 너에게 좋은 아이디어를 제안했니?

해설 ② 동사 explain은 목적어를 하나만 갖는 3형식 동사이다. (me his theory → his theory to me)

어휘 theory 이론   suggest 제안하다

14 가정법

해석

Sarah의 일기
내가 어른이 아니어서, 나는 혼자 여행할 수 없다.
내게 차가 없어서, 나는 학교에 운전해서 갈 수 없다.
내게 시간이 없었기 때문에, 나는 숙제를 할 수 없었다.
내가 Jane의 번호를 몰랐기 때문에, 나는 그녀에게 전화할 수 없었다.
나는 수학을 잘하지 못해서, 좋은 점수를 받을 수 없다.

① 그녀가 어른이라면, 그녀는 혼자 여행할 수 있을 텐데.   ② 그녀가 차가 있다면, 학교까지 운전해서 갈 수 있을 텐데.   ③ 그녀가 시간이 있었다면, 숙제를 할 수 있었을 텐데.   ④ 그녀가 Jane의 번호를 알았다면, Jane에게 전화할 수 있었을 텐데.   ⑤ 그녀가 수학을 잘했다면, 그녀는 좋은 점수를 받을 수 있었을 텐데.

해설 Sarah가 현재 수학을 잘 못한다고 했으므로, ⑤는 현재 사실과 반대되는 상황을 가정하는 가정법 과거로 표현해야 한다. (If she had been good at math, she could have gotten a good grade. → If she were good at math, she could get a good grade.)

어휘 grown-up 어른이 된

15 주어 + 수여동사 + 간접목적어 + 직접목적어 (4형식) / 주어 + 동사 + 목적어 + 목적격보어 (5형식)

해석 ① 추운 날씨는 사람들을 우울하게 만든다.   ② 그의 태도가 우리를 화나게 만들었다.   ③ 다른 사람들을 돕는 것은 세상을 더 좋은 곳으로 만든다.   ④ 이모가 나에게 멋진 나무 의자를 만들어 주셨다.   ⑤ 공포 영화는 나를 무섭게 만든다.

해설 ④는 「주어 + 동사 + 간접목적어 + 직접목적어」의 4형식 문장이고, 나머지는 모두 「주어 + 동사 + 목적어 + 목적격보어」의 5형식 문장이다.

어휘 depressed 우울한   attitude 태도   scared 무서워하는

16 주어 + 동사 + 목적어 + 목적격보어 (5형식)

해석 a. 그녀는 내가 그녀의 방을 청소하게 시켰다.   b. 그는 그의 차가 엔지니어에게 수리되게 했다.   c. 나는 아들에게 숙제를 끝내도록 시킬 것이다.   d. 그의 아버지는 그가 밤 늦게 컴퓨터 게임을 하고 있는 것을 보셨다.   e. 그 TV 프로그램이 내가 미국 문화를 이해하는 것을 도와주었다.

해설 ① get은 사역의 의미를 가지는 동사이지만 to부정사를 목적격보어로 쓴다. (clean → to clean)

17 문장의 형식 / 가정법

해석 A: 얘, 너 신나 보인다. 무슨 일이야?   B: Maddie의 공연 표를 얻었어! 아빠가 나에게 그것을 사주셨어.   A: Maddie가 누군데?   B: 그녀는 발레 댄서야. 그녀가 춤추는 것을 본다면 너도 그녀를 좋아할 텐데.   A: 나도 티켓이 있다면 좋겠다.

해설 B의 마지막 문장은 「If + 주어 + 동사의 과거형, 주어 + 조동사의 과거형 + 동사원형」 형태의 가정법 과거이므로, ④에는 have loved가 아닌 love가 들어가야 한다.

18 4형식 문장의 3형식 전환 / 가정법

해석 ① 그녀는 너에게 그녀의 오래된 웨딩 드레스를 주었니? / 그녀는 너에게 그녀의 오래된 웨딩 드레스를 주었니?   ② 내가 글을 잘 쓰면 좋을 텐데. / 내가 글을 잘 쓰지 못해서 유감이다.   ③ 그녀가 이곳에 있다면, 그녀는 우리에게 맛있는 식사를 만들어 줄 수 있을 텐데. / 그녀가 이곳에 있지 않기 때문에, 그녀는 우리에게 맛있는 식사를 만들어 줄 수 없다.   ④ 네가 그 영화를 봤더라면, 너는 울었을 텐데. / 네가 그 영화를 보지 않기 때문에, 너는 울지 않는다.   ⑤ 일본인 요리사는 우리에게 특별한 국수를 만들어 주었다. / 일본인 요리사는 우리에게 특별한 국수를 만들어 주었다.

해설 ④의 첫 번째 문장은 가정법 과거완료로, 과거 사실과 반대되는 상황을 가정할 때 쓰이므로, As you didn't see the movie, you didn't cry.와 같은 의미이다.

19 주어 + 동사 + 목적어 + 목적격보어 (5형식) / 가정법 과거완료

해석 ① 나는 이곳에서 너를 보기를 전혀 예상하지 않았다.   ② 이 안경은 네가 사물을 뚜렷하게 보는 것을 도울 것이다.   ③ 내가 그를 봤더라면, 그에게 떠나지 말라고 말했을 텐데.   ④ 엄마는 내가 그를 다시 만나는 것을 허락하지 않으셨다.   ⑤ 그녀가 왔더라면, 내가 춤추고 있는 것을 봤을 텐데.

해설 ② 동사 help는 목적격보어로 동사원형(see)을 쓸 수 있다.   ① expect는 to부정사를 목적어로 쓰는 동사이므로, 빈칸에는 to see가 들어가야 한다.   ③ 주어진 문장은 「If + 주어 + had v-ed, 주어 + 조동사의 과거형 + have v-ed」 형태의 가정법 과거완료이므로, 빈칸에는 had seen이 들어가야 한다.   ④ 동사 allow는 목적격보어 자리에 to부정사를 쓰므로, 빈칸에는 to see가 들어가야 한다.   ⑤ 주어진 문장은 「If + 주어 + had v-ed, 주어 + 조동사의 과거형 + have v-ed」 형태의 가정법 과거완료이므로, 빈칸에는 「have v-ed」 형태의 일부인 seen이 들어가야 한다.

20 가정법 / 문장의 형식

해석 ② 네 목소리는 이상하게 들린다.   ⑤ Kate가 열심히 일했다면 승진할 수 있었을 텐데.

해설 ① I wish 뒤에는 가정법 과거나 가정법 과거완료가 와야 한다. (am → were 또는 had been)   ③ 5형식 문장에서 동사 want는 목적격보어로 to부정사를 쓴다. (staying → to stay)   ④ 수여동사 send는 「주어 + send + 간접목적어 + 직접목적어」 또는 「주어 + send + 직접목적어 + to + 간접목적어」의 어순을 취한다. (a Christmas card you → you a Christmas card 또는 a Christmas card to you)

어휘 promote 승진시키다

21 가정법 과거완료

[해설] 주어진 문장은 과거 사실과 반대되는 상황을 가정하는 가정법 과거완료가 되어야 하므로, 「If + 주어 + had v-ed, 주어 + 조동사의 과거형 + have v-ed」 형태로 써야 한다.

22 I wish + 가정법 과거

[해석] 우리 형은 나보다 키가 더 크다. 내가 형만큼 키가 크다면 좋을 텐데.

[해설] 현재에 이룰 수 없는 소망을 표현할 때는 「I wish + 주어 + 동사의 과거형」의 형태를 사용하며, be동사는 주어와 관계없이 were를 쓴다. '~만큼 …한'의 의미를 나타낼 때는 「as + 원급 + as」의 형태를 쓴다.

23 주어 + 동사 + 목적어 + 목적격보어 (5형식)

[해설] 1) 「want + 목적어 + 목적격보어(to부정사)」의 어순에 유의하여 빈칸을 완성해 본다.
2) 「사역동사(make) + 목적어 + 목적격보어(동사원형)」의 어순에 유의하여 빈칸을 완성해 본다.

24 가정법

[해석] 〈예시〉 A: 야구 경기 보러 경기장에 가는 게 어때? B: 아니, 괜찮아. 나는 야구를 좋아하지 않아. → 내가 야구를 좋아하면 야구 경기를 보러 경기장에 갈 텐데.
1) A: 나에게 돈을 좀 빌려줄 수 있니? B: 미안하지만 못 해. 나는 돈이 없어. → 내가 돈이 있다면 너에게 돈을 빌려줄 수 있을 텐데.
2) A: 너희들 소풍을 갔었니? B: 아니, 못 갔어. 비가 왔어. → 비가 오지 않았다면 우리는 소풍을 갔을 텐데.

[해설] 1) 현재 사실과 반대되는 상황을 가정할 때 쓰는 가정법 과거 「If + 주어 + 동사의 과거형, 주어 + 조동사의 과거형 + 동사원형」을 사용해서 문장을 완성해 본다.
2) 과거 사실과 반대되는 상황을 가정할 때 쓰는 가정법 과거완료 「If + 주어 + had v-ed, 주어 + 조동사의 과거형 + have v-ed」를 사용해서 문장을 완성해 본다.

[어휘] stadium 경기장

25 문장의 형식

[해석] b. 나는 그녀가 남편과 이야기하는 것을 들었다. c. 그들은 그들의 개를 Puggy라고 이름 지었다.

[해설] a. 5형식 문장에서 동사 keep은 목적격보어로 부사가 아닌 형용사를 쓴다. (brightly → bright)
d. 5형식 문장에서 동사 ask는 목적격보어 자리에 to부정사가 와야 한다. (come → to come)

[어휘] brightly 밝게 name 이름을 짓다

2회

1 ⑤ 2 ④ 3 ② 4 ① 5 ④ 6 ① 7 ④ 8 ③ 9 ② 10 ⑤
11 ⑤ 12 ⑤ 13 ③ 14 ① 15 ④ 16 ④ 17 ⑤ 18 ①
19 ④ 20 ② 21 would[might] be nice 22 write her a letter 또는 write a letter to her 23 1) I had visited my grandmother often 2) I had saved a lot of money
24 1) me to try Turkish food 2) her to keep a diary
25 b. live → lived 또는 had lived c. a dozen doughnuts us → us a dozen doughnuts 또는 a dozen doughnuts to us

01 as if + 가정법 과거완료

[해설] '마치 ~였던 것처럼'이라는 의미의 「as if + 주어 + had v-ed」의 형태가 되어야 한다.

[어휘] midterm 중간의

02 4형식으로 착각하기 쉬운 3형식 동사

[해석] 그녀는 친구에게 그림을 _____ 것이다.
① 주다 ② 보여 주다 ③ 보내다 ④ 제공하다 ⑤ 팔다

[해설] 주어진 문장은 간접목적어와 직접목적어를 모두 갖는 4형식 문장이다. ④ provide(제공하다)는 목적어를 하나만 갖는 3형식 동사이므로, 빈칸에 들어가기에 적절하지 않다.

03 가정법 과거완료

[해석] Eric이 아프지 않았더라면 그는 _____.
① 수업에 참여할 수 있었을 텐데 ② 후식으로 아이스크림을 먹을 것이다 ③ 병원에 가지 않았을 텐데 ④ 그의 스케줄을 바꾸지 않았을 텐데 ⑤ 우리와 함께 농구를 할 수 있었을 텐데

[해설] If절이 「If + 주어 + had v-ed」 형태이므로 가정법 과거완료 문장이다. 그러므로 주절은 「주어 + 조동사의 과거형 + have v-ed」 형태를 쓰는 것이 적절하다.

[어휘] attend 참석하다 schedule 스케줄

04 목적격보어로 동사원형을 쓰는 경우

[해석] a. 나의 삼촌은 언제나 나를 웃게 만드신다. b. 나는 그녀가 부엌에서 휘파람을 부는 것을 들었다.

[해설] a. 사역동사 make는 목적격보어로 동사원형(laugh)을 쓴다. / b. 지각동사 hear는 목적격보어로 동사원형(whistle)이나 현재분사(whistling)를 쓴다.

[어휘] whistle 휘파람을 불다

05 I wish + 가정법 과거완료

해석 냉장고에 먹을 것이 아무것도 없다. 내가 어제 장을 봤다면 좋을 텐데.

해설 주어진 문장은 '(과거에) ~했다면 좋을 텐데'의 의미를 나타내는 「I wish + 주어 + had v-ed」의 형태가 되어야 하므로 빈칸에는 had done 이 들어가야 한다.

어휘 grocery shopping 장보기

06 목적격보어로 동사원형을 쓰는 경우

해석 Smith 선생님은 그의 학생들이 책을 읽게 했다.

해설 ① 사역동사 let은 목적격보어로 동사원형을 쓴다.

07 가정법 과거

해석 나는 새우 알레르기가 있다. 내가 이렇지 않다면 나는 그들의 새우버거를 먹어 볼 텐데.

해설 주어진 문장은 '~라면 …할 텐데'의 의미인 가정법 과거로 「If + 주어 + 동사의 과거형, 주어 + would + 동사원형」의 형태로 쓴다.

어휘 allergic (~에 대한) 알레르기가 있는

08 가정법 과거 / 가정법 과거완료

해석 ① 내가 너라면 나는 저것을 만지지 않을 텐데. ② 그녀가 나를 그리워했더라면 그녀는 나에게 전화를 했을 텐데. ③ 네가 그 소식을 듣는다면 너는 충격을 받을 텐데. ④ 네가 그 농담을 들었더라면 너는 웃었을 텐데. ⑤ 그녀에게 시간이 있다면 그녀는 영화를 볼 텐데.

해설 ③ 주어진 문장은 가정법 과거로, 현재 사실과 반대되는 상황을 가정할 때 쓴다. 따라서, 밑줄 친 부분은 '(현재) 네가 그 소식을 듣는다면'이라고 해석하는 것이 적절하다.

09 주어 + 동사 + 목적어 + 목적격보어 (5형식) / 주어 + 감각동사 + 형용사 (2형식)

해석 a. 우리는 손을 깨끗하게 유지해야 한다. b. 그의 방은 깨끗해 보였다.

해설 a. 5형식 문장에서 동사 keep은 목적격보어로 형용사를 쓴다. / b. 감각동사 look 뒤에는 형용사가 와야 한다.

10 가정법 과거 / 조건문 / I wish + 가정법 과거완료

해석 엄마: 서둘러! 늦었어! Tom: 오, 안 돼! 나에게 마법의 힘이 있다면, 학교까지 날아갈 텐데. 엄마: 네가 서두르면 다음 버스를 잡을 수 있을 거야. Tom: 내가 더 일찍 일어났다면 좋을 텐데.

해설 ⑤ ⓒ는 I wish를 사용한 가정법 과거완료로, 과거의 일에 대한 유감이나 후회를 나타낸다.

11 4형식 문장의 3형식 전환

해설 ① 나에게 내 책을 찾아주겠니? ② 우리는 아이들에게 오렌지 주스를 만들어 주었다. ③ 그는 그의 조카에게 장난감 몇 개를 사주었다. ④ 나는 누나에게 맛있는 파스타를 요리해 주었다. ⑤ 너는 그녀에게 돈을 얼마나

빌려주었니?

해설 ⑤ 4형식 문장을 3형식으로 전환할 때 동사 lend는 간접목적어 앞에 전치사 to를 쓰며, 동사 find, make, buy, cook은 모두 전치사 for를 쓴다.

12 I wish + 가정법 과거완료 / 가정법 과거완료

해석 a. 내가 아이들과 더 많은 시간을 보냈다면 좋을 텐데. (내가 아이들과 더 많은 시간을 보내지 못했던 것이 유감스럽다.) b. 그는 규칙을 몰랐기 때문에 그 게임을 할 수 없었다. (그가 규칙을 알았더라면 그는 게임을 할 수 있었을 텐데.)

해설 a. 과거에 이루지 못한 일에 대한 아쉬움을 표현한 괄호 안의 문장은 I wish를 사용한 가정법 과거완료 형태의 문장으로 바꿔 쓸 수 있다. 따라서, 빈칸에는 「had v-ed」 형태인 had spent가 들어가야 한다. / b. 괄호 안의 문장은 과거 사실과 반대되는 상황을 가정할 때 쓰는 가정법 과거완료이다. 따라서, 빈칸에는 과거동사인 didn't가 들어가야 한다.

13 문장의 형식 / 가정법

해석 b. 내가 스페인어를 유창하게 한다면 난 스페인에서 직장을 찾을 수 있을 텐데. c. 그가 차가 있었다면 그는 우리를 공항에 태워다 줬을 텐데.

해설 a. 4형식 문장을 3형식으로 전환할 때 동사 offer는 간접목적어 앞에 전치사 to를 쓴다. (of → to) / d. taste와 같은 감각동사 뒤에는 보어로 형용사가 와야 한다. (terribly → terrible)

어휘 fluently 유창하게

14 가정법

해석 ② 네가 소년이라면 무엇을 하겠니? ③ 내가 형보다 힘이 더 세다면 좋을 텐데. ④ 내가 그곳에 있었다면, 그녀를 만날 수 있었을 텐데. ⑤ 내가 주의 깊었다면, 그런 실수를 하지 않았을 텐데.

해설 ① I wish 뒤에는 가정법 과거나 가정법 과거완료가 와야 한다. (have traveled → traveled 또는 had traveled)

15 문장의 형식

해석 ① 이 스튜는 맛있는 냄새가 난다. ② 그들은 영화가 재미있다고 생각했다. ③ 너는 나에게 너의 자전거를 좀 빌려줄 수 있니? ⑤ 그녀는 나에게 그녀의 개 사진을 보여 주었다.

해설 ④ 지각동사 feel은 목적격보어로 동사원형이나 현재분사를 쓴다. (to touch → touch[touching])

16 문장의 형식 / 가정법 과거

해석 a. 엄마는 내가 작가가 되기를 원하신다. b. 그는 그녀에게 아름다운 드레스를 주었다. c. 네가 슈퍼히어로라면 너는 몹시 인기 있을 텐데. d. 그녀는 여동생에게 다이어리를 사주었다.

해설 a. want는 to부정사를 목적격보어로 쓰는 동사이다. (⑤ to become) / b. 4형식 문장을 3형식으로 전환할 때 동사 give는 간접목적어 앞에 전치사 to를 쓴다. (③ to) / c. 주어진 문장은 「If + 주어 + 동사의 과거형, 주어 + 조동사의 과거형 + 동사원형」 형태의 가정법 과거이므로, 빈칸에는 동사원형이 들어가야 한다. (① be) / d. 4형식 문장을 3형식으로

전환할 때 동사 buy는 간접목적어 앞에 전치사 for를 쓴다. (② for)

17 문장의 형식 / 조건문 / 가정법 과거완료
해석 ① 그의 상사는 그에게 운전을 하도록 시켰다.   ② 내 친구를 너에게 소개할게.   ③ 우리 할머니는 내게 몇몇 동화를 이야기해 주셨다.   ④ 그녀가 나에게 데이트 하자고 한다면 난 기쁠거야.
해설 ⑤「If + 주어 + had v-ed, 주어 + 조동사의 과거형 + have v-ed」형태의 가정법 과거완료 문장이므로 밑줄 친 부분을「have v-ed」형태로 써야 한다. (had bought → have bought)
어휘 introduce 소개하다   fairy tale 동화   go on a date 데이트하러 가다

18 문장의 형식 / 가정법 과거
해석 ② 그녀는 나에게 그녀의 상처를 보여주었다.   ③ 내가 축구를 잘하면 좋을 텐데.   ④ 그는 내가 그의 집을 언젠가 방문하기를 원한다.   ⑤ 그녀가 시간이 좀 있으면, 우리와 함께 영화 보러 갈 수 있을 텐데.
해설 ① 감각동사 look 뒤에는 보어로 형용사가 와야 한다. (gently → gentle)
어휘 gently 다정하게, 부드럽게   scar 상처   someday 언젠가, 훗날

19 가정법 / 주어 + 동사 + 목적어 + 목적격보어 (5형식)
해석 ① 내가 이야기할 시간이 더 있으면 좋을 텐데.   ② Jake에게 돈이 좀 있으면 그는 차를 살 수 있을 텐데.   ③ 내 집이 있으면 좋을 텐데.   ④ 우리 엄마는 매일 내가 아침식사를 하게 하신다.   ⑤ 이유를 들었다면 그녀도 이해했을 텐데.
해설 ④ 사역동사 make는 목적격보어로 동사원형을 쓰므로 빈칸에는 have가 들어간다. 나머지 빈칸에는 모두 had가 들어간다.

20 문장의 형식
해석 ① 네 새 향수는 좋은 냄새가 난다.   ③ 그녀는 나에게 초콜릿 한 조각을 주었다.   ④ 그들은 그녀를 반장으로 선출했다.   ⑤ 나는 네가 문을 여는 소리를 들었다.
해설 ② 5형식 문장에서 동사 ask는 목적격보어 자리에 to부정사를 써야 한다. (stay → to stay)
어휘 perfume 향수

21 가정법 과거
해석 A: 내 남동생이 나를 계속해서 괴롭혀. 그는 자주 나를 화나게 만들어. 너는 형제나 자매가 있니?   B: 아니, 나는 외동이야. 나에게 남동생이 있다면 나는 그에게 잘해줄 텐데.
해설 현재 실현 가능성이 없는 일에 대해 가정하는 내용이므로「If + 주어 + 동사의 과거형, 주어 + 조동사의 과거형 + 동사원형」형태의 가정법 과거를 써야 한다.
어휘 bother 괴롭히다   only child 외동

22 주어 + 수여동사 + 간접목적어 + 직접목적어 (4형식)
해석 A: Betty가 나한테 화가 났어. 내가 어떻게 해야 할까?   B: 너는 사과하기 위해 그녀에게 편지를 써야 해.
해설 수여동사 write는 4형식 문장에서「주어 + write + 간접목적어 + 직접목적어」의 어순을 취하며, 이것을 3형식으로 전환하면「주어 + write + 직접목적어 + to + 간접목적어」의 어순이 된다.
어휘 apologize 사과하다

23 I wish + 가정법 과거완료
해석 〈예시〉 Laura: 내가 책을 많이 읽었더라면 좋을 텐데.
1) Max: 내가 할머니를 자주 방문했더라면 좋을 텐데.
2) Donna: 내가 돈을 많이 모았더라면 좋을 텐데.
해설 1), 2) 과거의 일에 대해 아쉬워 하고 있으므로, 과거의 일에 대한 유감이나 후회를 나타내는「I wish + 주어 + had v-ed」를 사용해서 빈칸을 완성해 본다.

24 주어 + 동사 + 목적어 + 목적격보어 (5형식)
해석 〈예시〉 나는 언니의 카메라를 가지고 있다. 그녀는 내가 그것을 갖게 해 줬다. → 언니는 내가 그녀의 카메라를 갖게 해 줬다.
1) 나는 터키 음식을 먹어볼 것이다. 그들이 내가 그것을 하게 할 것이다. → 그들은 내가 터키 음식을 먹어보게 할 것이다.
2) Emily는 일기를 쓴다. 그녀의 부모님께서 그녀가 그것을 하길 바라셨다. → Emily의 부모님께서 그녀가 일기를 쓰길 바라셨다.
해설 1) 동사 get은 '~하도록 시키다'라는 사역의 의미를 가지고 있지만 목적격보어로 to부정사를 쓴다.
2) 동사 want는 목적격보어로 to부정사를 쓴다.

25 가정법 / 문장의 형식
해석 a. 김 씨는 언제나 나를 초조하게 만든다.   d. 우리가 좀 더 일찍 만났다면, 우리는 함께 더 많은 시간을 보낼 수 있었을 텐데.
해설 b. 주어진 문장은 I wish 가정법으로, 주어 다음에 동사의 과거형이나 과거완료형을 써야 한다. (live → lived 또는 had lived)
c. 수여동사 bring은 4형식 문장에서「주어 + bring + 간접목적어 + 직접목적어」의 어순을 취하며, 이것을 3형식으로 전환하면「주어 + bring + 직접목적어 + to + 간접목적어」의 어순이 된다. (a dozen doughnuts us → us a dozen doughnuts 또는 a dozen doughnuts to us)
어휘 dozen 12개짜리 한 묶음

누적 총정리 모의고사

1회

1 ③ 2 ④ 3 ④ 4 ③,④ 5 ②,④ 6 ④ 7 ④ 8 ④ 9 ③
10 ② 11 ④ 12 ④ 13 ④ 14 ⑤ 15 ③ 16 ③ 17 ⑤
18 ③ 19 ②,④ 20 ⑤ 21 1) leave 2) waking 3) are
22 1) I want to buy the sneakers which[that] are on sale.
2) I met a man whose sister went to the same school as
me. 23 1) has ridden a horse 2) has never[not] cooked
spaghetti 3) have written love letters 24 One is, the
other is 25 1) called 2) made 3) standing
4) disappointing

---

01 to부정사의 부사적 용법
해석 Maggie는 그곳에서 그를 보고 놀랐다.
① 그녀는 경기에 져서 속상했다. ② 우리는 그 소식을 듣고 충격을 받았다.
③ 당신을 만난 것은 정말 즐거운 일이었어요. ④ 그 배우는 오디션에서 떨어져서 슬펐다. ⑤ 나의 남동생은 그 결과를 보고 실망했다.
해설 주어진 문장과 ①, ②, ④, ⑤의 밑줄 친 부분은 〈감정의 원인〉을 나타내는 to부정사의 부사적 용법으로 쓰임이 같지만, ③의 밑줄 친 부분은 문장에서 진주어 역할을 하는 to부정사의 명사적 용법으로 쓰였다.
어휘 shocked 충격을 받은 fail 실패하다, 떨어지다 result 결과

02 by 이외의 전치사를 쓰는 수동태
해석 a. 이 궁전은 아름다운 벽으로 유명하다. b. 너는 유리가 모래로 만들어진다는 사실을 알았니?
해설 a. '~으로 유명하다'의 의미를 가진 수동태 표현은 「be known for」이다. / b. '~으로 만들어지다'의 의미를 가진 수동태 표현은 「be made from」이다.

03 수량형용사
해석 나는 오늘 밤에 사과 파이를 만들 것이다. 나는 약간의 사과와 약간의 설탕이 필요하다.
해설 ④ 문맥상 '약간의'라는 의미를 나타내는 수량형용사가 들어가야 하는데, 셀 수 있는 명사의 복수형(apples)과 쓰이는 수량형용사는 a few, 셀 수 없는 명사(sugar)와 쓰이는 수량형용사는 a little이다.

04 부정대명사
해석 집 안의 _____ 방은 회색으로 칠해졌다.
① 몇몇 ② 둘 다 (의) ③ 모든 ④ 각각의 ⑤ 많은
해설 빈칸에는 단수명사 앞에서 쓸 수 있는 부정대명사 Every와 Each가

들어가야 한다. Some, Both, Lots of 뒤에는 복수명사가 와야 한다.

05 to부정사의 의미상의 주어
해석 내게 그것을 상기시켜 주다니 너는 _____했다.
① 쉬운 ② 친절한 ③ 필요한 ④ 사려 깊은 ⑤ 어려운
해설 kind나 thoughtful과 같이 앞의 형용사가 사람의 성격이나 성질에 대한 주관적 평가를 나타내는 경우에 「of + 목적격」으로 to부정사의 의미상의 주어를 나타낸다.
어휘 remind 상기시키다 thoughtful 사려 깊은

06 I wish + 가정법 과거완료
해설 ④ 주어진 문장의 '(과거에) ~했다면 좋을 텐데'의 의미는 「I wish + 주어 + had v-ed」의 형태로 나타낼 수 있다.

07 5형식 문장의 수동태
해석 Troy는 노부인의 집 지붕을 수리하게 되었다.
해설 ④ 사역동사 make의 목적격보어로 쓰인 동사원형은 수동태 문장에서는 to부정사로 바뀐다.

08 조동사 used to
해석 쇼핑몰을 짓기 전에 여기에는 오래된 기차역이 있었다.
해설 ④ 문맥상 빈칸에는 '~이었다'라는 의미로 〈과거의 상태〉를 나타내는 조동사 used to가 들어가야 한다. would는 〈과거의 상태〉를 나타낼 수 없다.

09 원급을 이용한 표현
해석 Charles는 그가 나보다 더 똑똑하다고 생각한다.
→ Charles는 내가 그만큼 똑똑하지 않다고 생각한다.
해설 '~보다 더 …한'의 비교급의 의미는 '~만큼 …하지 않는'의 의미인 「not as + 원급 + as」로 나타낼 수 있다.
어휘 intelligent 똑똑한, 총명한

10 관계대명사 that과 종속접속사 that
해석 ① 내가 가장 존경하는 사람은 나의 할아버지시다. ② 나는 네가 집에 돌아왔다는 것을 몰랐다. ③ 이것은 내가 가족들을 위해 산 차이다. ④ 네가 어제 산 펜을 써도 되겠니? ⑤ 너는 길 건너에 사는 사람들을 아니?
해설 ②의 밑줄 친 that은 문장에서 목적어 역할을 하는 명사절을 이끄는 종속접속사이고, 나머지는 모두 관계대명사이다.
어휘 respect 존경하다 across ~의 맞은편에, ~을 건너서

11 동명사와 현재분사
해석 ① 그 새 영화에 나오는 배우가 나는 마음에 든다. ② 바위를 오르는 남자를 봐! ③ 배드민턴을 치고 있는 소년은 내 남동생이다. ④ 일어나자마자 그녀는 병원에 갈 준비를 했다. ⑤ 캠프에 참가하는 사람은 노란 모자를 써야 한다.

해설 ④ 「Upon[On] v-ing」는 '~하자마자'라는 의미의 동명사 관용 표현이다. 따라서 밑줄 친 waking은 동명사이며 나머지 밑줄 친 v-ing는 모두 명사를 수식하는 현재분사이다.

어휘 appear 출연하다, 나오다   climb 오르다   participate 참가하다

12 현재완료

해석 ① A: 너는 해외에서 공부해 본 적이 있니?   B: 아니, 없어. 하지만 나는 언젠가 그러기를 희망해.   ② A: 당신은 이 통증을 얼마나 오래 겪어오셨나요?   B: 지난주 토요일부터요.   ③ A: 너는 가방을 다 쌌니?   B: 응, 그래.   ④ A: 너는 어느 도시에 가봤니?   B: 나는 부산에 가버렸어.   ⑤ A: 너는 도쿄에서 얼마나 오래 살았니?   B: 난 거기에서 3년 동안 살았어.

해설 ④ 질문에서 쓰인 have been to는 '~에 가본 적이 있다'는 〈경험〉을 나타내고, 대답에서 쓰인 have gone to는 '~에 가버렸다'는 〈결과〉를 나타내는 현재완료로 이 대화는 자연스럽지 않다.

어휘 abroad 해외에(서)   pain 고통   pack (짐을) 싸다

13 가정법 과거

해석 질문: 너에게 자유 시간이 있다면 무엇을 하겠니?
① 나는 아시아를 여행할 텐데.   ② 나는 강아지와 놀 텐데.   ③ 나는 영화를 보러 갈 텐데.   ④ 나는 내 친구들을 만났을 텐데.   ⑤ 나는 할머니를 찾아뵐 텐데.

해설 주어진 질문이 현재 사실의 반대를 가정하는 「If + 주어+ 동사의 과거형, 주어 + 조동사의 과거형 + 동사원형」의 가정법 과거 형태이므로, 이에 대한 대답도 가정법 과거로 한다. ④는 과거 사실의 반대를 가정하는 가정법 과거완료 형태이다.

14 명사절을 이끄는 종속접속사

해석 나는 그들이 나를 기억할지 궁금하다.
① 내가 그녀를 본다면 너에게 말할게.   ② 피곤하면 우리는 집에 있을 것이다.   ③ 도움이 필요하면 나에게 언제든지 말해도 된다.   ④ 질문이 있으면 나에게 이메일을 보내렴.   ⑤ 그는 자신이 옳은 결정을 내린 것인지 확신하지 못했다.

해설 주어진 문장과 ⑤의 밑줄 친 if는 '~인지 아닌지'라는 의미로 명사절을 이끄는 종속접속사이고, 나머지는 모두 '만약 ~라면[한다면]'이라는 의미로 부사절을 이끄는 종속접속사이다.

어휘 wonder 궁금하다   make a decision 결정을 내리다

15 가정법 과거 / 조건문

해석 ① 내가 19세 이상이라면 나는 운전할 수 있을 텐데.   ② 그가 시간이 있다면 나는 그와 함께 시간을 보낼 텐데.   ③ 배가 고프면 넌 내 샌드위치를 먹어도 된다.   ④ 태양이 없다면 모든 생명체는 죽을 텐데.   ⑤ 날씨가 좋다면 우리는 공원에 갈 수 있을 텐데.

해설 ③은 단순 조건절로 빈칸에 be동사의 현재형인 are가 들어가고, 나머지 문장들은 모두 가정법 과거로 빈칸에 be동사의 과거형인 were가 들어간다.

어휘 living thing 생명체, 생물

16 동명사 관용 표현 / 동명사, to부정사를 목적어로 쓰는 동사

해석 ① 그것이 시도할 만한 가치가 있다고 생각하지 않는다.   ② Oliver는 새 식당에 갈 것을 제안했다.   ④ 내일 보고서 가져오는 것을 잊지 마라.   ⑤ 나는 일주일 전에 너에게 메세지를 보낸 것을 기억한다.

해설 ③ manage는 to부정사를 목적어로 쓰는 동사이다. (arriving → to arrive)

17 시제 / 문장의 형식

해석 ① 나는 그때 숙제를 하고 있었다.   ② 나는 그가 Brown 씨를 위해 택시를 부르는 것을 보았다.   ③ 내가 산 새 베개는 무척 부드럽다.   ④ 그개가 Martin 씨에게 신문을 가져왔다.

해설 ⑤ '물이 높은 지점에서 낮은 지점으로 흐르는 것'과 같이 변하지 않는 과학적 사실은 주절의 시제와 관계 없이 현재시제로 쓴다. (flowed → flows)

어휘 pillow 베개   flow 흐르다

18 상관접속사의 수 일치 / 재귀대명사 / 관계사 / 접속사와 전치사

해석 b. 영화 그 자체는 흥미롭지 않았으나, 배우들은 굉장했다. / d. 경찰은 그 집에서 그의 머리카락이 발견된 남자를 체포했다.

해설 a. 「both A and B」는 복수 취급한다. (lives → live) / c. 선행사 the elementary school을 수식하는 관계부사 where는 그 자체가 「전치사 + 관계대명사」의 의미를 나타내기 때문에, 관계부사 앞에 전치사가 들어가서는 안 된다. (in where → in 삭제 또는 in which) / e. 전치사 despite 뒤에는 명사(구)가 오고 접속사 though 뒤에는 절이 온다. (Despite → Though)

어휘 arrest 체포하다

19 형용사의 위치 / 비교급 강조 / 빈도부사

해석 ② 내 여동생은 나보다 훨씬 적게 먹는다.   ④ 아빠는 토요일마다 주로 하이킹을 가신다.

해설 ① '그렇게[무척] ~한'의 의미는 「such a[n] + 형용사 + 명사」의 어순으로 쓴다. (such violent a storm → such a violent storm) ③ to부정사와 형용사가 동시에 -thing으로 끝나는 대명사를 수식할 때는 「대명사 + 형용사 + to부정사」의 어순으로 쓴다. (something to wear nice → something nice to wear)   ⑤ something과 같이 -thing으로 끝나는 대명사는 형용사가 뒤에서 수식한다. (light something → something light)

어휘 violent 격렬한, 난폭한   light (양이 적어) 가벼운[간단한]

20 감정을 나타내는 분사 / 현재분사와 과거분사 / 지각동사의 수동태

해석 (A) 그의 그림은 나를 우울하게 만든다.   (B) 너는 사용된 캔들을 재활용해야 한다.   (C) 그날 누구도 엘리베이터를 타는 것이 목격되지 않았다.

해설 (A) 문맥상 me는 '우울한 감정을 느끼게 되는' 것이므로 〈수동〉의 의미를 나타내는 과거분사 depressed가 와야 한다. / (B) 캔은 '사용된' 것이므로 〈수동·완료〉의 의미를 나타내는 과거분사 used가 와야 한다. / (C) 능동태 문장에서 지각동사의 목적격보어로 쓰인 동사원형은 수동태 문

장에서 to부정사로 쓴다.

21 조동사 / 동명사 관용 표현 / 조건 부사절의 시제
해석 엄마: 너는 내일 일찍 출발해야 해, Kevin.
Kevin: 걱정하지 마세요. 저는 일찍 일어나는 것에 익숙해요.
엄마: 네가 늦는다면, 넌 기차를 놓칠거야.
해설 1) 조동사 have to 다음에는 동사원형이 와야 한다.
2) '~에 익숙하다'라는 의미는 동명사 관용 표현인 「be used to v-ing」로 나타낼 수 있다.
3) 조건을 나타내는 if절에서는 현재시제로 미래시제를 대신한다.

22 관계대명사
해석 1) 나는 운동화를 사고 싶다. + 그것은 할인 중이다.
→ 나는 할인 중인 운동화를 사고 싶다.
2) 나는 한 남자를 만났다. + 그의 여동생은 나와 같은 학교에 다녔다.
→ 나는 그의 여동생이 나와 같은 학교에 다녔던 한 남자를 만났다.
해설 1) 선행사가 사물일 때, 주격 관계대명사는 which 또는 that을 쓸 수 있다.
2) 소유격 관계대명사는 whose로 쓸 수 있다.
어휘 on sale 할인 중인

23 현재완료
해석 1) Ben은 전에 말을 타본 적이 있다.
2) Rose는 전에 스파게티를 요리해 본 적이 없다.
3) Ben과 Rose는 전에 연애편지를 써본 적이 있다.
해설 〈경험〉을 나타내는 현재완료는 「have v-ed」의 형태이고, 부정문은 「have never[not] v-ed」의 형태이다.

24 부정대명사 구문
해석 지원이는 두 개의 모자를 샀다. 하나는 흰색이고, 나머지 하나는 검은색이다.
해설 둘 중에 하나는 one으로, 나머지 하나는 the other로 표현한다.

25 현재분사와 과거분사
해석 1) Jake는 Boris라고 불리는 개를 가지고 있다.
2) 나는 중국에서 만들어진 휴대전화를 샀다.
3) 문 옆에 서 있는 소녀는 내 친구 Lisa이다.
4) 감독은 그의 영화에 대한 실망스러운 비평을 읽고 속이 상했다.
해설 1) 빈칸에는 '불리는'이라는 뜻의 〈수동〉의 의미를 나타내는 과거분사 called가 들어가야 한다.
2) 빈칸에는 '만들어진'이라는 뜻의 〈수동〉의 의미를 나타내는 과거분사 made가 들어가야 한다.
3) 빈칸에는 '서 있는'이라는 뜻의 〈능동·진행〉의 의미를 나타내는 현재분사 standing이 들어가야 한다.
4) disappoint처럼 감정을 나타내는 동사는 '~한 감정을 느끼게 하는'이라는 〈능동〉의 뜻이면 현재분사로 써야 한다.
어휘 review 논평, 비평

누적 총정리 모의고사

2회

1 ③ 2 ② 3 ④ 4 ① 5 ④ 6 ① 7 ③ 8 ③ 9 ④ 10 ③
11 ③ 12 ① 13 ②, ④ 14 ③ 15 ② 16 ④ 17 ④ 18 ④
19 ④ 20 ⑤ 21 had not forgotten to lock, have been stolen 22 4행: That → What 5행: to take → taking
23 Peter is as tall as Jack. 24 1) Each 2) either, or
25 2행: the interesting → the most interesting 4행: read → to read 또는 reading 4행: of her → to her

01 주어 + 감각동사 + 형용사 (2형식)
해석 이 과일은 매우 _____ 냄새가 난다.
① 나쁜 ② 좋은 ③ 잘 ④ 달콤한 ⑤ (맛이) 신
해설 ③ 감각동사 smell 뒤에는 보어로 형용사가 오며, 부사는 올 수 없다.

02 4형식 문장의 수동태 / by 이외의 전치사를 쓰는 수동태 / 수동태의 행위자
해석 a. 그의 오래된 옷들은 자선단체에 주어졌다. b. 저녁식사가 나의 숙모에 의해 그들을 위해 만들어졌다. c. 그녀는 그 소식에 놀랐다. d. 내가 가장 좋아하는 노래가 그 밴드에 의해 연주되었다.
해설 a. give가 쓰인 4형식 문장의 직접목적어를 주어로 수동태를 만들 때 간접목적어 앞에는 전치사 to를 쓴다. / b. 수여동사 make가 쓰인 4형식 문장의 직접목적어를 주어로 수동태를 만들 때 간접목적어 앞에는 전치사 for를 쓴다. / c. '~에 놀라다'의 의미를 가진 표현은 「be surprised at」이다. / d. 수동태를 만들 때, 행위자 앞에 보통 전치사 by를 붙인다.
어휘 charity 자선단체

03 「의문사 + to부정사」
해설 ④ '어디서 ~할지'라는 의미는 「where to-v」로 나타낸다.

04 조건 부사절의 시제
해석 이번 주 토요일에 날씨가 화창하다면, 나는 소풍을 갈 것이다.
해설 ① 〈조건〉을 나타내는 부사절에서는 현재시제가 미래시제를 대신한다.

05 조동사
해석 A: 이 복사기는 고장 난 것이 틀림없어. 이건 작동하지 않아. B: 6층의 Tom이 그것을 고칠 수 있을지도 몰라.
해설 첫 번째 빈칸: 추측을 나타내는 may 또는 must가 올 수 있다.
두 번째 빈칸: 조동사 might가 빈칸 앞에 쓰였으므로 뒤에 can, should 등의 조동사는 연달아 올 수 없고 be able to가 와야 한다.

06 감정을 나타내는 분사

해석 ② 그것은 놀라운 경험이었다. ③ 그들은 스키를 타러 가게 되어 신났다. ④ 그 환자는 그 결과에 놀랐다. ⑤ 나는 저 짜증 나는 소리를 더 이상 참을 수 없다.

해설 ① bore처럼 감정을 나타내는 동사는 '~한 감정을 느끼게 하는'이라는 〈능동〉의 뜻이면 현재분사로 써야 한다. 연설은 '지루하게 하는' 것이므로 boring이 되어야 한다. (bored → boring)

어휘 speech 연설   patient 환자

07 상관접속사의 수 일치

해석 ① 그의 친구들 뿐만 아니라 왕 씨도 중국 출신이다. ② Jacob과 Mark 둘 다 눈이 갈색이다. ④ 너도 나도 한국어를 말할 수 없다. ⑤ 덴마크뿐만 아니라 핀란드도 북유럽에 속한다.

해설 ③ 「either A or B」의 경우, B(I)에 동사의 수를 일치시켜야 한다. (has → have)

08 부정대명사 구문

해석 ① 하나는 빨간색이고 나머지 하나는 파란색이다. ② 어떤 것들은 파란색이고 나머지 전부는 초록색이다. ③ 하나는 빨간색이고, 다른 어떤 일부는 파란색이고 나머지 전부는 초록색이다. ④ 하나는 빨간색이고, 또 다른 하나는 파란색이고 나머지 전부는 초록색이다. ⑤ 어떤 것들은 빨간색이고, 다른 어떤 일부는 파란색이며 나머지 전부는 초록색이다.

해설 ③ 여러 대상들 중에 하나는 one, 다른 어떤 일부는 others, 나머지 전부는 the others로 쓴다.

09 현재완료

해석 그는 2013년 이후로 부산에서 살아왔다.
① 그녀는 도쿄로 가버렸다. ② 너는 돌고래를 본 적이 있니? ③ 그녀는 전에 요가 수업을 들은 적이 있다. ④ 우리는 3년 동안 생물학을 공부하고 있다. ⑤ 대구로 가는 기차는 막 역을 떠났다.

해설 주어진 문장과 ④의 밑줄 친 부분은 둘 다 현재완료의 〈계속〉을 나타낸다. ①은 현재완료의 〈결과〉, ②와 ③은 〈경험〉, ⑤는 〈완료〉의 의미를 나타낸다.

10 동명사와 현재분사

해석 나의 할머니는 나에게 이야기를 해 주시는 것을 아주 좋아하셨다.
① Helen은 시장에 가고 있다. ② 나는 언덕 위에서 불타고 있는 집을 봤다. ③ 책의 표지를 디자인하는 것은 그녀의 직업이다. ④ 그는 그때 드라마를 보고 있었다. ⑤ 옷장에 걸려 있는 파란 원피스는 나의 여동생의 것이다.

해설 주어진 문장과 ③의 밑줄 친 부분은 동명사로 쓰임이 같고, 나머지 밑줄 친 부분은 모두 현재분사이다.

11 관계대명사의 격

해석 ① 그는 나의 가방을 훔친 남자이다. ② 이것은 1950년에 지어진 집이다. ③ 나는 네가 그린 그림을 사고 싶다. ④ 나는 웃긴 모자를 쓰고 있던 남자를 봤다. ⑤ 탁자 위에서 자고 있는 고양이는 나의 것이다.

해설 ③의 밑줄 친 that은 목적격 관계대명사이고, 나머지는 모두 주격 관계대명사이다.

12 가주어 it과 비인칭 주어 it

해석 ① 3일 동안 비가 내렸다. ② 그와 이야기하는 것은 매우 좋았다. ③ 마라톤을 뛰는 것은 나의 목표이다. ④ 네가 제시간에 오는 것은 중요하다. ⑤ 네가 창문을 열어둔 것은 어리석었다.

해설 ①은 〈날씨〉를 나타낼 때 문장의 주어로 쓰는 비인칭 주어 It이고, 나머지는 모두 to부정사 진주어가 길 때 쓰는 가주어 It이다.

13 원급, 비교급을 이용한 표현

해설 주어진 문장의 '~보다 몇 배 …한'의 의미는 ②「배수사 + as + 원급 + as」 또는 ④「배수사 + 비교급 + than」의 형태로 나타낼 수 있다.

14 재귀대명사

해석 ① Reina는 혼자 영화를 보러 갔다. ② 나는 플루트를 연주하는 방법을 독학했다. ③ 그들은 직접 책장을 만들었다. ④ 네 자신을 탓하지 마. 그것은 그저 사고였어. ⑤ 그 물고기는 스스로를 보호하기 위해 색을 바꾼다.

해설 ③ 주어, 목적어, 보어를 강조하기 위해 사용된 재귀대명사는 생략할 수 있다.

어휘 teach oneself 독학하다   blame ~을 탓하다

15 수동태

해석 ① Ethan은 모든 퍼즐을 풀었다. → 모든 퍼즐이 Ethan에 의해 풀렸다. ③ 직원은 모든 티켓을 확인해야 한다. → 모든 티켓이 직원에 의해 확인되어야 한다. ④ Brown 씨는 내게 판매 보고서를 작성하게 했다. → 나는 Brown 씨에 의해 판매 보고서를 작성하게 되었다. ⑤ 그들은 도시 한가운데에 경기장을 지을 것이다. → 경기장이 도시 한가운데에 지어질 것이다.

해설 ② 수여동사 give가 쓰인 4형식 문장의 직접목적어를 주어로 수동태를 만들 때 간접목적어 앞에는 전치사 to를 써야 한다. (for me → to me)

어휘 staff 직원   sales report 판매 보고서   stadium 경기장

16 4형식 문장의 3형식 전환

해석 ① 그는 나에게 이야기를 해 주었다. ② 나는 너에게 편지를 보낼 것이다. ③ 그는 Abby에게 그림을 주었다. ④ 그녀는 파티 주최자에게 와인을 사주었다. ⑤ 그들은 그들의 고객에게 상품과 서비스를 제공한다.

해설 ④ 4형식 문장을 3형식으로 전환할 때 동사 buy는 간접목적어 앞에 전치사 for를 쓰고, 나머지 보기의 동사들은 모두 전치사 to를 쓴다.

17 조동사 used to / to부정사를 목적어로 쓰는 동사

해석 a. Jessica는 학교에 걸어가곤 했다. b. 나는 버스를 놓쳐서, 집에 걸어가기로 결정했다.

해설 a. '~하곤 했다'라는 의미로 〈과거의 습관〉을 나타내는 조동사는 used to이다. / b. decide는 to부정사를 목적어로 쓰는 동사이다.

18 「의문사 + to부정사」/ 관계부사

해석 a. 나는 내 차를 어디에 주차할지 모르겠다. 나는 주차장을 찾을 수 없다. b. 브라질은 가장 많은 커피가 생산되는 국가이다.

해설 a. '어디에 ~할지'의 의미는 「where to-v」로 나타낸다. / b. the country와 같은 장소를 선행사로 하는 관계부사는 where이다.

19 비교급을 이용한 표현 / 목적격 관계대명사와 전치사

해석 a. 아이스크림과 과일 중에 디저트로 어느 것이 더 낫니? b. 이곳이 안에서 네가 많은 반딧불이를 볼 수 있는 동굴이다.

해설 a. 'A와 B 중에서 어느 것이 더 ~한가?'의 의미는 「which ~ 비교급, A or B?」로 쓴다. / b. the cave를 선행사로 하는 관계대명사 which가 와야 한다. 관계대명사 that은 전치사 뒤에 쓰일 수 없다.

어휘 cave 동굴   glowworm 반딧불이

20 동명사 / to부정사 / 관계대명사

해석 c. John은 수영장이 딸린 집을 살 수 있을 만큼 충분히 부자이다. e. 그녀의 이름은 기억하기에 너무 어렵다. f. 나는 가스레인지에 냄비를 올려둔 것을 잊어서 부엌이 연기로 가득했다.

해설 a. give up은 동명사를 목적어로 쓰는 동사구이다. (persuade → persuading) / b. '~하느라 바쁘다'라는 의미는 동명사 관용 표현인 「be busy v-ing」로 쓴다. (take → taking) / d. 문맥상 '개의 귀'라는 의미가 되어야 하므로 소유격 관계대명사 whose가 와야 한다. (whom → whose)

어휘 persuade 설득하다

21 가정법 과거완료 / 동명사, to부정사를 목적으로 쓰는 동사

해설 '(과거에) ~했다면 …했을 텐데'라는 의미의 가정법 과거완료는 「If + 주어 + had v-ed, 주어 + 조동사의 과거형 + have v-ed」의 형태로 나타낼 수 있고, '(앞으로) ~할 것을 잊다'는 「forget + to부정사」의 형태로 나타낸다.

어휘 lock 잠그다   stuff 물건

22 관계사 / 동명사, to부정사를 목적어로 쓰는 동사

해석 내 이름은 지나야. 나는 한국의 서울에서 살아. 나는 오늘 너희들에게 청계천에 대해서 말해주고 싶어. 청계천은 서울을 가로질러 흐르는 하천이야. 내가 그것에 관해서 가장 좋아하는 것은 아름다운 야경이야. 많은 사람이 밤에 그것을 따라 산책하는 것을 즐겨.

해설 4행: '~하는 것'의 의미로 문장에서 주어 역할을 하며 선행사를 포함하는 관계대명사 What이 알맞다. (That → What)
5행: enjoy는 동명사를 목적어로 쓰는 동사이다. (to take → taking)

어휘 scenery 경치, 풍경

23 원급을 이용한 표현

해석 Peter는 180cm이다. Jack도 180cm이다.

해설 'A는 B만큼 ~한'의 의미인 「A + as + 원급 + as + B」의 형태를 사용해서 문장을 완성해 본다.

24 부정대명사 / 상관접속사

해석 1) 계약서는 여섯 장입니다. 각각의 장에 당신이 서명해야 하는 공간이 있습니다.
2) 너에게는 두 가지의 선택권이 있다. 너는 택시 또는 셔틀 버스를 탈 수 있다.

해설 1) 단수명사와 단수동사가 쓰였으므로 Each가 와야 한다.
2) 두 가지 선택 중에 하나를 고를 수 있는 상황이므로, 빈칸에는 'A 또는 B'라는 뜻의 상관접속사 「either A or B」가 들어가야 한다.

어휘 contract 계약(서)

25 최상급을 이용한 표현 / 동명사와 to부정사 모두를 목적어로 쓰는 동사 / 4형식 문장의 3형식 전환

해석 Adriana는 유명한 작가다. 많은 소설이 그녀에 의해 집필되었다. 〈바람과 비〉는 내가 지금까지 읽어본 것 중 가장 흥미로운 책이다. 사람들은 그녀의 책들을 읽는 것을 좋아하고 그녀에게 많은 팬레터를 보낸다. Adriana는 때때로 그 편지들로부터 영감을 얻는다.

해설 2행: '(주어가) 지금까지 ~한 것 중 가장 …한'의 의미는 「the + 최상급 + 명사 (+ that) + 주어 + have ever v-ed」로 나타낸다. (the interesting → the most interesting)
4행: love는 to부정사와 동명사를 모두 목적어로 쓰는 동사이다. (read → to read 또는 reading)
4행: 4형식 문장을 3형식으로 전환할 때, 수여동사 send는 간접목적어 앞에 전치사 to를 써야 한다. (of her → to her)

어휘 inspiration 영감

누적 총정리 모의고사

3회

1 ③ 2 ④ 3 ③ 4 ① 5 ② 6 ② 7 ④ 8 ⑤ 9 ① 10 ③
11 ④ 12 ② 13 ④ 14 ② 15 ⑤ 16 ② 17 ④ 18 ③
19 ③ 20 ② 21 1) Calling my name 2) what Jake told me 22 1) to clean his room 2) to help his sister
23 1) X 2) O, which is 24 has been, since 25 1) My friend in Paris often sends emails to me. 2) Could you buy a pen and paper for me?

01 「동사 + 부사」의 동사구
해석 나는 책에서 'tardy'라는 단어를 봐서 그것을 사전에서 찾아보았다.
해설 ③ 「동사 + 부사」의 목적어로 대명사가 올 때는 「동사 + 대명사 + 부사」의 순서로 쓴다.
어휘 tardy 느린, 더딘

02 5형식 문장의 수동태 / 조동사
해석 a. 그들은 질문에 대답하기를 요청 받았다. b. 나는 전화를 받을 수 없었다.
해설 a. 5형식 문장을 수동태로 만들 때, 목적격보어로 쓰인 to부정사는 수동태에서도 그대로 쓴다. / b. '~할 수 있다'는 의미의 〈능력·가능〉을 나타내는 조동사 be able to를 쓴다.

03 시제
해석 ① 나의 아버지는 1971년에 태어나셨다. ② Joyce는 방금 그녀의 일을 끝마쳤다. ④ 너는 이번 주말에 소풍을 갈 거니? ⑤ David와 Sally는 내가 그들을 방문했을 때 말다툼을 하고 있었다.
해설 ③ 현재완료 시제는 two hours ago와 같이 명백히 과거 시점을 나타내는 표현과 함께 쓸 수 없다. (has watched → watched)
어휘 argue 말다툼을 하다

04 조동사 may
해석 ① 네 휴대 전화를 써도 되겠니? ② 그 팀은 다음 경기에서 이길지도 모른다. ③ 나는 늦을지도 모른다. 나는 방금 버스를 놓쳤다. ④ 대기 오염은 건강 문제를 초래할지도 모른다. ⑤ 그는 임대료를 낼 충분한 돈이 없을지도 모른다.
해설 ①의 조동사 may는 '~해도 된다'라는 뜻의 〈허가〉를 나타내는 반면, 나머지 may는 모두 '~일지도 모른다'라는 뜻의 〈약한 추측〉을 나타낸다.
어휘 air pollution 대기 오염 rent 임대료, 집세

05 종속접속사 since
해석 ① Fred는 리스본에 간 이후로 내게 전화하지 않았다. ② 네가 저녁을 요리했기 때문에, 나는 설거지를 할 것이다. ③ 지난밤 스시를 먹은 이후 복통이 있다. ④ 선 씨는 2017년 전주를 떠난 이후 서울에 살고 있다. ⑤ 지난달 이 건물이 지어진 이후 아무도 이사 오지 않았다.
해설 ②의 밑줄 친 since는 '~이기 때문에'라는 뜻의 〈이유〉를 나타내는 종속접속사이고, 나머지 밑줄 친 since는 '~이후로'라는 뜻의 〈시간〉을 나타내는 종속접속사이다.
어휘 move into ~으로 이사 오다

06 명사절을 이끄는 종속접속사
해석 나는 뮤지컬이 매우 좋았다고 생각하지 않았다.
① 그가 호랑이를 사냥했다는 것은 사실이다. ② 탁자 위에 있던 열쇠 봤어? ③ 너는 그가 러시아에서 태어났다는 것을 아니? ④ 문제는 그가 다른 사람들을 존중하지 않는다는 것이다. ⑤ 아기들이 걷는 것과 말하는 것을 배우는 것은 놀랍다.
해설 주어진 문장과 ①, ③, ④, ⑤의 밑줄 친 that은 모두 명사절을 이끄는 종속접속사이다. ②는 the key를 선행사로 하는 주격 관계대명사이다.
어휘 hunt 사냥하다 respect 존경[존중]하다

07 주어 + 수여동사 + 간접목적어 + 직접목적어 (4형식) / 주어 + 동사 + 목적어 + 목적격보어 (5형식)
해석 ① 너는 그녀에게 사실을 말해야 한다. ② 너는 나에게 물 한 잔을 줄 수 있니? ③ 나는 여동생에게 생일 선물로 귀걸이를 사주었다. ④ 그 주인은 그의 작은 호텔을 the Paradise Inn이라고 이름 지었다. ⑤ Gonzales 선생님은 내년부터 우리에게 스페인어를 가르칠 것이다.
해설 ④는 「주어 + 동사 + 목적어 + 목적격보어」 형태의 5형식 문장이고, 나머지는 모두 「주어 + 수여동사 + 간접목적어 + 직접목적어」 형태의 4형식 문장이다.
어휘 inn 여관, 주막

08 원급을 이용한 표현
해석 나는 영어를 내가 할 수 있는 한 자주 말하고 싶다. → 나는 영어를 가능한 한 자주 말하고 싶다.
해설 ⑤ '~가 할 수 있는 한 …하게'라는 의미의 「as + 원급 + as + 주어 + can」은 「as + 원급 + as possible」로 바꿔 쓸 수 있다.

09 주어 + 감각동사 + 형용사 (2형식) / 주어 + 동사 + 목적어 + 목적격보어 (5형식)
해석 a. 이 오렌지는 좋은 냄새가 난다. b. 선생님은 우리가 일기를 쓰게 시키셨다.
해설 a. 감각동사 smell 다음에는 형용사(nice)가 와야 한다. / b. 사역동사 make의 목적격보어 자리에는 동사원형(keep)이 와야 한다.
어휘 keep a diary 일기를 쓰다

10 가목적어 it / to부정사의 부사적 용법

해석 a. 나는 그의 강의에 집중하는 것이 어렵다는 것을 알았다.
b. 그가 말하는 것을 들으면, 너는 그가 어린아이라는 것을 믿지 않을 것이다.

해설 a. 빈칸에는 목적어로 쓰인 to부정사가 길어지는 경우, to부정사(구)를 뒤로 보내고 그 자리에 대신 쓰는 가목적어 it이 들어가야 한다. / b. 빈칸에는 '~한다면'이라는 의미의 〈조건〉을 나타내는 부사적 용법의 to부정사가 들어가야 한다.

어휘 concentrate on ~에 집중하다   lecture 강의

11 분사구문 / 현재분사와 과거분사

해석 a. 왼쪽으로 돌면, 그 건물이 보일 겁니다.
b. Hans는 프랑스어로 쓰인 책을 읽고 있었다.

해설 a. 빈칸에는 〈조건〉을 나타내는 분사구문이 들어가야 한다. 부사절 If you make a left turn을 분사구문으로 바꾸면 Making a left turn이 된다. / b. 빈칸에는 '쓰인'이라는 뜻의 〈수동·완료〉의 의미를 나타내는 과거분사 written이 들어가야 한다.

12 빈도부사 / 「동사 + 부사」의 동사구

해석 a. 나는 보통 ABC 슈퍼마켓에서 물건을 산다.   b. 그 신발들은 인기 있습니다, 고객님. 그것들을 신어보시겠어요?

해설 a. 빈도부사는 일반동사 앞에 위치한다. / b. 「동사 + 부사」의 목적어로 대명사가 쓰이면 대명사는 반드시 동사와 부사 사이에 위치한다.

13 관계대명사

해석 a. 그녀는 우리 오빠가 추천한 컴퓨터를 샀다.   b. 이곳이 내가 살던 집이다.

해설 a. 선행사(the computer)를 꾸며주는 목적격 관계대명사 which 또는 that이 들어갈 수 있다. / b. 선행사가 the house이고, 빈칸 앞에 전치사가 있으므로 which만 쓸 수 있다.

14 시간, 조건 부사절의 시제 / 의미가 같은 접속사와 전치사

해석 (A) 나의 여동생이 집에 올 때, 우리는 저녁을 먹을 것이다.   (B) 네가 자정 이전에 자면, 너는 덜 피곤할 것이다.   (C) 그녀는 건강 문제 때문에 일을 그만둬야 했다.

해설 (A), (B) 시간이나 조건을 나타내는 부사절에서는 현재시제가 미래시제를 대신한다. / (C) 괄호 뒤에 명사구가 나오므로, 전치사 because of가 적절하다. 접속사 because 뒤에는 「주어 + 동사」 형태의 절이 와야 한다.

어휘 midnight 자정

15 가정법

해석 (A) Erica는 그 뮤지컬을 보지 않았다. 그러나 그녀는 마치 그것을 본 것처럼 얘기한다.   (B) 내가 돈이 더 많았더라면, 나는 저 드레스를 살 수 있었을 텐데.   (C) 내가 바다 근처에 산다면 좋을 텐데.

해설 (A) 주절의 시제보다 한 시제 앞선 일을 가정하는 「as if + 주어 + had v-ed」 형태가 되어야 하므로, 빈칸에는 had watched가 적절하다.

/ (B) 주어진 문장은 「If + 주어 + had v-ed, 주어 + 조동사의 과거형 + have v-ed」 형태의 가정법 과거완료이므로, 빈칸에는 「had v-ed」 형태인 had had가 들어가야 한다. / (C) I wish를 사용한 가정법 과거는 「I wish + 주어 + 동사의 과거형」으로 나타내므로 빈칸에는 동사의 과거형인 lived가 들어가야 한다.

16 주어 + 동사 + 목적어 + 목적격보어 (5형식)

해석 나의 의사는 나에게 이틀 정도 침대에서 쉴 것을 _____.
① 말했다   ② 하게 했다   ③ 원했다   ④ 요청했다   ⑤ 충고했다

해설 ② 목적격보어로 to부정사(to stay)가 왔으므로, 동사원형을 목적격보어로 쓰는 사역동사 let은 빈칸에 들어갈 수 없다.

17 동명사 관용표현 / 시제 / 현재분사와 과거분사

해석 ① 나의 누나는 비밀을 지키는 것을 잘하지 못한다.   ② 너는 오늘 오후에 무엇을 할 거니?   ③ 그 작가는 지금까지 세 권의 책을 썼다.   ⑤ 당신의 집에서 나오는 시끄러운 소음 때문에 잠에서 깼습니다.

해설 ④ 「look forward to v-ing」는 '~하기를 고대하다'라는 의미의 동명사 관용 표현이다. (to hear → to hearing)

어휘 author 작가   opinion 의견

18 수동태 / 감정을 나타내는 분사 / 분사구문

해석 ① 이 재킷은 가죽으로 만들어졌다.   ② Tony는 한국에서 그의 민박 가족에 의해 환영을 받았다.   ④ 부상을 당하여 그 선수는 시합에 참가할 수 없었다.   ⑤ 지구 표면의 70%가 물로 덮여 있다.

해설 ③ 문맥상 '무섭게 하는 경험'이 되어야 하므로 '~한 감정을 유발하는'의 의미인 현재분사로 써야 한다. (terrified experience → terrifying experience)

어휘 leather 가죽   host family 민박 가정   surface 표면

19 동명사, to부정사를 목적어로 쓰는 동사 / to부정사를 이용한 구문 / 부사절을 이끄는 종속접속사

해석 ① 아이는 소리를지르기 시작했다.   ② 비는 온종일 계속해서 내렸다.   ③ 아빠는 헤드라이트를 꺼야 할 것을 잊었다. / 아빠는 헤드라이트를 끈 것을 잊었다.   ④ 다이어트하는 것이 아니라면 넌 좀 더 먹어야 한다.   ⑤ 그 버스는 너무 혼잡해서 승객을 더 태울 수 없었다.

해설 ③ 「forget to-v」는 '(앞으로) ~할 것을 잊다'의 의미이므로, 첫 번째 문장은 '아빠는 헤드라이트를 꺼야 할 것을 잊었다.'라고 해석하고, 「forget v-ing」는 '(과거에) ~했던 것을 잊다'의 의미이므로, 두 번째 문장은 '아빠는 헤드라이트를 끈 것을 잊었다.'라고 해석한다.

어휘 be on a diet 다이어트 중이다

20 관계대명사 / 동명사, to부정사를 목적어로 쓰는 동사 / 주어 + 수여동사 + 간접목적어 + 직접목적어 (4형식) / 비인칭주어 it

해석 나는 너희들에게 내가 세상에서 가장 사랑하는 사람에 관해서 말할 거야. 그는 나의 아빠야. 아빠는 항상 나와 함께 좋은 시간을 보내려고 노력하셔. 아빠는 나에게 좋은 조언도 해 주셔. 토요일은 아빠의 생신이야. 아빠는

잡지를 읽는 것을 즐기시기 때문에, 나는 아빠에게 (잡지) 몇 권을 사드리고 싶어.

해설 ② '~하려고 노력하다'는 의미는 「try to-v」이므로, (B)의 괄호 안에는 to have가 들어가야 한다. 「try v-ing」는 '시험 삼아 ~해 보다'의 의미이다.

21 분사구문 / 관계대명사 what
해설 1) 분사구문은 부사절의 접속사 및 주절과 같은 주어를 생략한 뒤 동사를 v-ing 형태로 바꾸어 나타낸다.
2) '~하는 것'의 의미는 선행사를 포함하는 관계대명사 what을 써서 나타낼 수 있다.

22 주어 + 동사 + 목적어 + 목적격보어 (5형식)
해설 진호야, 네 방을 청소하렴. 또한, 여동생의 숙제를 도와주렴. - 엄마
질문: 진호의 엄마는 진호에게 무엇을 하라고 부탁하셨는가?
대답: 그녀는 그에게 1) 그의 방을 청소하라고 부탁하셨다. 그녀는 또한 그에게 2) 여동생이 숙제하는 것을 도와주라고 부탁하셨다.
해설 5형식 문장에서 동사 ask는 목적격보어로 to부정사를 쓴다. 따라서, 「ask + 목적어 + to부정사」의 어순에 유의하면서 문장을 완성해 본다.

23 관계대명사의 생략
해설 1) 은비는 영어를 전공하는 학생이다.
2) 나는 너의 집 근처에 위치한 서점에 가고 싶다.
해설 1) 주격 관계대명사는 생략할 수 없다.
2) 「주격 관계대명사 + be동사」는 뒤에 분사가 이어질 때 생략할 수 있다.
어휘 major in ~을 전공하다   located ~에 위치한

24 현재완료
해설 민수는 지난주 이후로 아팠다.
해설 그림에서 민수는 지난주부터 지금까지 아픈 것을 알 수 있다. 〈계속〉을 나타내는 현재완료 「have v-ed」의 형태를 쓰고, '~이래로'의 의미를 나타내는 since를 넣어 문장을 완성한다.

25 4형식 문장의 3형식 전환
해설 1) 파리에 있는 내 친구는 종종 나에게 이메일을 보낸다.
2) 저에게 펜과 종이를 사다 주시겠어요?
해설 1) 수여동사 send는 4형식 문장에서 「주어 + send + 간접목적어 + 직접목적어」의 어순을 취하며, 이것을 3형식으로 전환하면 「주어 + send + 직접목적어 + to + 간접목적어」의 어순이 된다.
2) 수여동사 buy는 4형식 문장에서 「주어 + buy + 간접목적어 + 직접목적어」의 어순을 취하며, 이것을 3형식으로 전환하면 「주어 + buy + 직접목적어 + for + 간접목적어」의 어순이 된다.

누적 총정리 모의고사

4회

1 ④ 2 ④ 3 ③ 4 ④ 5 ⑤ 6 ③ 7 ④ 8 ⑤ 9 ④
10 ③ 11 ① 12 ③ 13 ④ 14 ⑤ 15 ⑤ 16 ① 17 ③
18 ③, ④, ⑤ 19 ④ 20 ④ 21 such energetic boys
22 1) X, seeing 2) O 3) X, of her 23 1) not as comfortable as the sofa 2) a lot more comfortable than the chair 24 1) This is the house in which Mr. Wilson was born. 2) Do you have a white one? 25 1) he had studied hard, he could have been a lawyer 2) I spoke English well like you

01 조동사 must
해설 ① 그들은 유니폼을 입어야 한다. ② 방문객들은 자신의 신분증을 보여줘야 한다. ③ 너는 모든 질문에 답해야 한다. ④ 그녀의 눈이 감겨 있다. 그녀는 잠이 든 게 틀림없다. ⑤ 너는 화장실을 사용하려면 줄을 서서 기다려야 한다.
해설 ④의 밑줄 친 must는 '~임에 틀림없다'라는 의미의 〈강한 추측〉을 나타내고, 나머지는 모두 '~해야 한다'라는 〈필요·의무〉를 나타낸다.

02 종속접속사 since
해설 ① 강이 오염되었기 때문에 모든 물고기들이 죽었다. ② 그녀의 언니가 바빴기 때문에, Anna는 혼자 놀아야 했다. ③ 나는 일본에서 처음 초밥을 먹은 이래로 그것을 먹는 것을 즐기고 있다. ④ 서로 가까이 살았기 때문에 Chris는 Hanna와 많은 시간을 함께 보냈다. ⑤ 산에서 먹을 것을 찾을 수 없었기 때문에 동물들이 마을로 내려왔다.
해설 ③의 since는 '~이래로'라는 뜻의 시간을 나타내는 종속접속사이고, 나머지는 모두 '~이기 때문에'라는 뜻의 이유를 나타내는 종속접속사이다.

03 동명사, to부정사를 목적으로 쓰는 동사
해설 ① Kate는 그녀의 짐을 버리기로 계획했다. ② Kate는 그녀의 짐을 벽장에 넣어야 할 것을 잊어버렸다. ③ Kate는 그녀의 짐을 벽장에 넣었던 것을 잊어버렸다. ④ Kate는 그녀의 짐을 벽장에 넣어야 할 것을 기억했다. ⑤ Kate는 그녀의 짐을 벽장에 넣었던 것을 기억했다.
해설 ③ '(과거에) ~했던 것을 잊다'는 「forget + 동명사」로 나타낸다.
어휘 luggage 짐, 수화물   closet 벽장, 옷장

04 4형식 문장의 수동태
해설 ① Benny는 나에게 오래된 책 한 권을 주었다. ② Benny는 오래된 책 한 권을 나에게 주었다. ③ 나는 Benny로부터 오래된 책 한 권을 받았다. ④ Benny는 나로부터 오래된 책 한 권을 받았다. ⑤ 오래된 책 한

권 이 Benny로부터 나에게 주어졌다.

해설 ④는 주어와 행위자가 서로 뒤바뀌어 나머지 문장들과 의미가 다르다.

05 비교급, 최상급을 이용한 표현

해석 ① 오늘은 어제보다 더 덥다. ② 그는 우리 마을에서 가장 부유한 사람 이다. ③ 나는 Cathy와 있을 때 더 행복하다. ④ 이건 내가 지금까지 잡은 물고기 중 가장 크다.

해설 ⑤ 'A와 B 중에서 어느 것이 더 ~한가?'의 의미는 「which ~ 비교급, A or B?」로 쓴다. (cheapest → cheaper)

06 감정을 나타내는 분사

해석 ① 그의 미술 수업은 정말 지루하다. ② 나는 비오는 날에 우울하다. ④ 등산은 피곤한 활동이다. ⑤ 나는 놀이공원에 가서 신이 났다.

해설 ③ confuse처럼 감정을 나타내는 동사는 '~한 감정을 느끼는'이라는 〈수동〉의 뜻이면 과거분사로 쓴다. (confusing → confused)

어휘 direction (pl.) 지시, 명령 activity 활동 amusement park 놀이공원

07 to부정사의 부정형 / to부정사와 전치사 / 형용사적 용법의 to부정사 / 「의문사 + to부정사」 / 동명사 관용 표현

해석 ① 그 소녀는 울지 않으려고 애썼다. ② 바르셀로나는 살기에 좋은 도시이다. ③ 나는 깨끗한 입을 것이 필요하다. ⑤ 그 점원은 오랜 시간 동안 서 있는 것에 익숙하다.

해설 ④ 밑줄 친 「why to-v」의 형태는 존재하지 않으며, 문맥상 '어떻게 ~할 지'의 뜻인 「how to-v」를 쓰는 것이 적절하다. (why to play → how to play)

08 동명사 관용 표현 / 동명사의 역할 / 「의문사 + to부정사」 / 동명사와 to부정사

해석 ① A: 그 책 어땠어? B: 그것은 읽을 가치가 있었어. 나는 그것을 추천해. ② A: 오늘밤에 외식하는 게 어때? B: 좋은 생각이야. ③ A: 나는 선거에서 누구에게 투표할지 모르겠어. B: 나는 Clara가 최선의 선택이라고 생각해. ④ A: 네 남동생은 무엇을 하고 있니? B: 그는 컴퓨터 게임을 하느라 바빠. ⑤ A: 여기 네 돈이야. 고마워. B: 아, 나는 너에게 돈을 빌려줄 것을 잊었어.

해설 ⑤ 「forget + to부정사」는 '(앞으로) ~할 것을 잊다'의 의미로 문맥상 적절하지 않다. '돈을 빌려줬던 것을 잊었다'의 의미가 되도록 '(과거에) ~했던 것을 잊다'의 의미인 「forget + 동명사」를 써야 한다. (forgot to lend → forgot lending)

어휘 recommend 추천하다 vote 투표하다 election 선거 lend 빌려주다

09 4형식 문장의 3형식 전환

해석 A: 너희는 크리스마스에 뭘 받았니? B: 우리 엄마는 나에게 장갑 한 켤레를 사주셨어. C: 우리 언니는 나에게 초콜릿 한 상자를 보냈어.

해설 4형식 문장을 3형식으로 전환할 때 동사 buy는 간접목적어 앞에 전

치사 for를 쓰며, 동사 send는 전치사 to를 쓴다.

10 가정법

해석 ① 내가 축구 선수라면 좋을 텐데. / 내가 축구 선수가 아니어서 유감스럽다. ② 그녀가 일찍 왔다면, Taylor를 만날 수 있었을 텐데. / 그녀가 일찍 오지 않았기 때문에, Taylor를 만날 수 없었다. ③ 나는 그녀에게 무례하게 대하지 말았어야 하는데. / 나는 그녀에게 무례하게 대하는 것이 유감스럽다. ④ 네가 샌드위치 두 개를 샀다면, 공짜 커피를 받을 수 있었을 텐데. / 네가 샌드위치 두 개를 사지 않았기 때문에, 너는 공짜 커피를 받을 수 없었다. ⑤ 그들은 마치 우승했던 것처럼 보인다. / 사실 그들은 우승을 하지 못했다.

해설 ③ 첫 번째 문장은 I wish를 사용한 가정법 과거완료로, 과거의 행동에 대해 유감을 표현하는 문장인 I'm sorry that I was rude to her.와 의미가 같다.

어휘 championship 선수권, 챔피언 지위

11 현재완료

해석 ① 그녀는 그리스로 가버렸다. ② 그 경기는 이미 시작했다. ③ 나는 Green 씨를 한 번 만난 적이 있다. ④ 우리는 3일 동안 그 용의자를 추적해 왔다. ⑤ 그들은 눈을 본 적이 없다.

해설 ① have[has] gone to는 '~에 가버렸다'라는 의미의 〈결과〉를 나타내는 현재완료이다.

어휘 chase 뒤쫓다, 추적하다 suspect 용의자

12 선행사와 관계부사 / 관계대명사의 생략

해석 ① 너는 우리가 만났던 장소를 기억하니? ② 나는 프랑스에서 만들어진 초콜릿을 먹었다. ③ Emily는 가방을 도둑맞은 관광객을 도와주었다. ④ Nancy는 그녀가 John에게 들은 소식을 나에게 말해주었다. ⑤ 그녀가 결석한 이유를 나에게 알려줘.

해설 ③ 소유격 관계대명사 whose는 생략할 수 없다. ①, ⑤ 선행사와 관계부사는 함께 써도 되지만, 둘 중 하나를 생략하기도 한다. ② 「주격관계대명사 + be동사」는 뒤에 분사가 이어질 때 생략할 수 있다. ④ 목적격 관계대명사는 생략할 수 있다.

13 동명사

해설 '~하기 위해 멈추다'는 「stop + to부정사」이므로, ④의 문장은 The tourists stopped to take pictures.로 바꾸는 것이 적절하다. 이때 to부정사는 〈목적〉을 나타내는 부사적 용법의 to부정사이다.

어휘 tourist 관광객

14 동사구의 수동태

해석 그녀는 노숙자들을 돌본다.
⑤ 노숙자들은 그녀에 의해 돌보아진다.

해설 ⑤ take care of와 같은 동사구를 수동태로 쓸 때는 동사구를 하나의 동사로 생각한다.

어휘 homeless 노숙자의

15 분사구문

해석 a. 몸이 좋지 않아서, 나는 집에 일찍 돌아갔다. → 나는 몸이 좋지 않아서, 집에 일찍 돌아갔다. b. 혼자 공부할 때, 나는 항상 문장들을 큰 소리로 읽는다. → 나는 혼자 공부할 때, 항상 문장들을 큰 소리로 읽는다. c. 그녀는 편지를 쓰면서, 그에 대해서 생각했다. → 편지를 쓰면서, 그녀는 그에 대해서 생각했다.

해설 ⑤ As she wrote a letter라는 부사절을 분사구문으로 만들면, 우선, 부사절의 접속사 As를 생략하고, 부사절의 주어(she)가 주절의 주어(she)와 같기 때문에 생략한 다음에, 동사를 현재분사(v-ing) 형태로 만들어 Writing으로 쓴다. (Written → Writing) ① 분사구문의 부정형은 분사구문 앞에 Not을 쓴다. ② 부사절이 주절의 이유에 해당하므로, 빈칸에는 접속사 Because가 들어가야 한다. ③ 부사절을 분사구문으로 만들려면, 우선 부사절의 접속사를 생략하고, 부사절의 주어(I)가 주절의 주어(I)와 같기 때문에 생략한 다음에, 동사를 현재분사(v-ing) 형태로 만들어 Studying으로 쓴다. ④ 문맥상 〈때〉를 나타내는 분사구문이므로, 분사구문을 부사절로 바꾼 문장의 빈칸에는 When이 들어가는 것이 적절하다.

어휘 sentence 문장 aloud 큰 소리로

16 수량형용사 / 비교급 강조

해석 ① 그는 한국에 많은 팬들이 있다. ② Rosa는 지나보다 훨씬 더 키가 크다. ③ 쇼핑하는 데 너무 많은 돈을 쓰지마. ④ 그의 새 가방은 그의 낡은 가방보다 훨씬 더 크다. ⑤ 나는 이 웹 사이트에서 많은 정보를 찾을 수 없다.

해설 ①의 빈칸 뒤에 셀 수 있는 복수명사(fans)가 나오므로, 빈칸에는 수량형용사 many가 들어간다. ②, ④ 빈칸에는 비교급을 강조하는 부사 much가 들어가야 한다. ③, ⑤ 빈칸에는 셀 수 없는 명사와 쓰이는 수량형용사 much가 들어가야 한다.

17 관계대명사의 생략 / 명사절을 이끄는 종속접속사

해석 ① 그녀는 그가 무례했다고 생각한다. ② 나는 내가 챔피언이 될 수 있다고 믿는다. ③ 그는 한국에서 유명한 배우다. ④ 너는 내가 너에게 준 책을 다 읽었니? ⑤ 나는 그녀가 만든 맛있는 스파게티를 먹었다.

해설 ③ 주격 관계대명사는 생략할 수 없다. ①, ② 목적어 역할을 하는 명사절을 이끄는 접속사 that은 생략 가능하다. ④, ⑤ 목적격 관계대명사 that은 생략 가능하다.

18 부정대명사 / 부정대명사 구문 / 상관접속사

해석 ① 곰 인형은 둘 다 노란색이다. ② 일부는 곰 인형이고, 다른 일부는 로봇이다. ③ 각각의 곰 인형은 다른 색이다. ④ 하나는 로봇이고, 나머지 전부는 곰 인형들이다. ⑤ 곰 인형들뿐만 아니라 로봇도 있다.

해설 ③ 「each + 단수명사」: 각각의 ~ ④ 「one ~ the others …」: 하나는 ~, 나머지 전부는 … ⑤ 「not only A but also B」: A뿐만 아니라 B도

19 문장의 형식 / I wish + 가정법 과거 / 가정법 과거

해석 나는 지난주에 뉴욕을 방문했다. 나는 친구들에게 몇 개의 선물을 사주었다. Mia는 "나에게 자유의 여신상의 엽서가 있다면 좋을 텐데."라고 말했다. 그래서 나는 Mia에게 자유의 여신상 엽서를 주었다. Ron은 "내가 뉴욕에 있다면, 센트럴 파크를 방문할 텐데."라고 말했다. 그래서 나는 그에게 센트럴 파크의 사진을 주었다.

해설 ④ 주어진 문장은 「If + 주어 + 동사의 과거형, 주어 + 조동사의 과거형 + 동사원형」 형태의 가정법 과거가 되어야 하므로, 주절의 동사는 「조동사의 과거형 + 동사원형」의 형태가 되어야 한다. (will visit → would visit)

어휘 postcard 엽서

20 수동태

해석 ① 그는 친구들에 의해 '곰'이라고 불렸다. → 그의 친구들은 그를 '곰'이라고 불렀다. ② 나의 할아버지가 이 책을 쓰셨다. → 이 책은 나의 할아버지에 의해 쓰였다. ③ 그녀의 정원은 눈으로 덮였다. → 눈이 그녀의 정원을 덮었다. ④ 그들은 나의 실수 때문에 나를 비웃었다. ⑤ Ollie는 그녀에게 꽃을 사주었다. → 꽃이 Ollie에 의해 그녀에게 구입되었다.

해설 ④ laugh at과 같은 동사구를 수동태로 쓸 때는 동사구를 하나의 동사로 생각한다. (was laughed → was laughed at)

어휘 laugh at ~을 비웃다

21 형용사의 위치

해설 '그렇게[무척] ~한'의 뜻인 「such + (a[n]) + 형용사 + 명사」의 형태를 사용하여 문장을 완성해 본다. 복수명사가 쓰이므로 a[n]를 쓰지 않음에 유의한다.

어휘 energetic 힘이 넘치는

22 to부정사 / 동명사

해석 2) 서점을 운영하는 것이 나의 목표이다.

해설 1) deny는 동명사를 목적어로 쓰는 동사이다. (to see → seeing) 3) to부정사 앞에 silly처럼 사람의 성격이나 성질에 대한 주관적인 평가를 나타내는 형용사가 올 경우, to부정사의 의미상의 주어는 「of + 목적격」의 형태로 쓴다. (for her → of her)

어휘 deny 부인[부정]하다 run 경영[운영]하다 silly 어리석은

23 비교

해석 1) 의자는 소파만큼 편하지 않다. 2) 소파는 의자보다 훨씬 더 편하다.

해설 1) 'A는 B만큼 ~하지 않은'의 의미인 「A + not + as + 원급 + as + B」의 형태를 사용해서 문장을 완성해 본다. 2) '…보다 더 ~한'의 의미인 「비교급 + than」을 쓰고, '훨씬'이라는 의미의 a lot을 비교급 앞에 써서 문장을 완성해 본다.

어휘 comfortable 편안한

24 목적격 관계대명사와 전치사 / 부정대명사

해석 1) 이곳은 Wilson 씨가 태어난 집이다. 2) 이 셔츠의 디자인은 마음에 들지만 그것의 색은 아니에요. 하얀 것도 있나요?

해설 1) 관계부사 where를 「전치사 + 관계대명사」 형태인 in which로 바

꿀 수 있다.

2) 같은 종류의 정해지지 않은 대상을 가리킬 때는 부정대명사 one을 사용한다.

25 가정법 과거완료 / I wish + 가정법 과거

해석 1) 그는 열심히 공부하지 않았기 때문에, 변호사가 될 수 없었다.

→ 그가 열심히 공부했다면, 변호사가 될 수 있었을 텐데.

2) 내가 너처럼 영어를 잘 말하지 못하는 것이 유감스럽다.

→ 내가 너처럼 영어를 잘 말한다면 좋을 텐데.

해설 1) 과거 사실과 반대되는 상황을 가정할 때 쓰는 가정법 과거완료 「If + 주어 + had v-ed, 주어 + 조동사의 과거형 + have v-ed」를 사용해서 문장을 완성해 본다.

2) 현재에 이룰 수 없는 소망을 표현할 때 쓰는 「I wish + 주어 + 동사의 과거형」을 사용해서 문장을 완성해 본다.

어휘 lawyer 변호사

누적 총정리 모의고사

5회

1 ②   2 ②   3 ③,⑤   4 ③   5 ①,④   6 ①   7 ⑤   8 ⑤   9 ④
10 ③   11 ④   12 ⑤   13 ③   14 ③   15 ③   16 ①,③,④
17 ③   18 ④   19 ④   20 ②   21 1) to 2) for   22 One, the other   23 1) O 2) X, more useful than 3) O 4) X, Not having   24 came, was sleeping   25 1) was sent an invitation by them, was sent to Dorothy by them 2) Two strangers were seen entering the building by us.

01 가정법 과거

해석 미나가 영어를 잘한다면, 그녀는 _____ 텐데.

① 미국으로 여행하다   ② 영어 시험에 통과했다   ③ 영어로 일기를 쓰다
④ 더 많은 외국인 친구들이 있다   ⑤ 영국에서 온 사람들과 이야기하다

해설 가정법 과거는 「If + 주어 + 동사의 과거형, 주어 + 조동사의 과거형 + 동사원형」으로 쓴다. 따라서, 과거동사로 시작하는 ②는 빈칸에 들어갈 수 없다.

02 주어 + 동사 + 목적어 + 목적격보어 (5형식)

해석 나는 남동생에게 빨래를 하라고 _____.

① 말했다   ② 시켰다   ③ 원했다   ④ 요청했다   ⑤ 시켰다

해설 ② 목적격보어 자리에 to부정사(to do)가 왔으므로 빈칸에는 목적격보어로 to부정사를 쓰는 동사가 들어가야 한다. 사역동사 make는 동사원형을 목적격보어로 쓰는 동사이다.

어휘 do (the) laundry 빨래를 하다

03 원급, 비교급을 이용한 표현

해석 ① 고양이는 개만큼 무겁다.   ② 개는 고양이보다 무겁지 않다.   ③ 개는 고양이보다 세 배 무겁다.   ④ 고양이는 개보다 세 배 무겁다.   ⑤ 개는 고양이 보다 세 배 무겁다.

해설 개는 6kg로, 2kg의 고양이보다 세 배 무겁다. 따라서, The dog을 주어로 '~보다 몇 배 …한'을 뜻하는 「배수사 + as + 원급 + as」 또는 「배수사 + 비교급 + than」의 형태를 사용한 ③과 ⑤가 그림과 일치하는 문장이다.

04 부정대명사 구문

해석 꽃병에 네 송이의 꽃이 있다. 하나는 하얀색이고 나머지 전부는 분홍색이다.

해설 ③ 셋 이상의 대상 중에 하나를 one이라고 하면, 나머지 전부는 the others로 표현한다.

05 관계대명사의 격

해석 Lee 선생님은 가난한 사람들을 무료로 치료해 주는 의사이다.

해설 선행사가 사람일 때 주격 관계대명사는 ① who 또는 ④ that을 쓸 수 있다.

어휘 treat 치료하다   for free 무료로

06 「동사 + 부사」의 동사구 / 원급을 이용한 표현 / 형용사의 위치 / 빈도부사 / 분사

해석 ① 너는 선글라스를 벗어야 한다.

해설 ② '~만큼 …하지 않은'은 「not + as + 원급 + as」의 형태를 쓴다. (as not big as → not as big as)   ③ -thing으로 끝나는 대명사는 형용사가 뒤에서 수식한다. (wrong something → something wrong)   ④ always와 같은 빈도부사는 일반동사 앞에 와야 한다. (have always → always have)   ⑤ 분사에 수식어(on the stage)가 붙어 길어지면 명사를 뒤에서 수식해야 한다. (singing on the stage boy → boy singing on the stage)

07 동명사의 관용 표현 / 동명사의 역할

해석 a. 그를 설득하려 해도 소용없다.   b. 나는 그녀의 미국 여행에 관해 듣는 것에 싫증난다.

해설 a. '~해도 소용없다'는 의미는 「It is no use v-ing」로 쓴다. / b. of 와 같은 전치사 뒤에는 동명사가 와야 한다.

어휘 be tired of ~에 싫증나다

08 최상급을 이용한 표현 / 감정을 나타내는 분사

해석 a. 그는 역사상 가장 용감한 사람들 중 한 명이다.   b. 나는 그가 내 이름을 기억하지 못했을 때 실망했다.

해설 a. '가장 ~한 것들 중 하나'는 「one of the + 최상급 + 복수명사」의 형태이다. 따라서, 빈칸에는 man의 복수명사인 men이 들어가야 한다. / b. '~한 감정을 느끼는'이라는 〈수동〉의 뜻이므로 과거분사로 쓴다.

09 분사의 쓰임

해석 셰익스피어에 의해 쓰인 희곡들은 몹시 인기가 있다.
① 나는 일출에 감탄했다.   ② 혼자 남겨져서, 그 소년은 울기 시작했다.
③ 그 고양이는 Tommy에 의해 돌봐진다.   ④ 호두나무로 만들어진 가구는 비싸다.   ⑤ 우리는 어렸을 때부터 서로를 알았다.

해설 주어진 문장과 ④의 밑줄 친 부분은 둘 다 명사를 수식하는 과거분사이다. ①은 감정을 나타내는 과거분사로 주격보어, ②는 앞에 Being이 생략되어 v-ed로 시작하는 분사구문, ③은 be동사와 함께 쓰여 수동태를 만드는 과거분사이고, ⑤는 「have v-ed」의 현재완료를 만드는 과거분사이다.

어휘 sunrise 일출   walnut 호두, 호두나무

10 현재완료

해석 그녀는 막 그녀의 임무를 성공적으로 완수했다.
① Jenny는 그녀의 가방을 잃어버렸다.   ② 그 노래를 들어본 적이 있니?
③ 그는 아직 저녁을 먹지 못했다.   ④ 너는 달팽이를 먹어본 적이 있니?
⑤ 나는 2년 동안 중국어를 공부해 왔다.

해설 주어진 문장과 ③은 둘 다 〈완료〉를 나타내는 현재완료 문장이다. ①은 〈결과〉, ②와 ④는 〈경험〉, ⑤는 〈계속〉을 나타내는 현재완료 문장이다.

어휘 complete 완수하다   mission 임무   successfully 성공적으로 snail 달팽이

11 to부정사 / 동명사 관용 표현

해석 ① 그를 믿다니 너는 어리석다.   ② 나는 커피를 마시지 않는 것이 어렵다는 것을 깨달았다.   ③ 몇 명의 룸메이트와 함께 사는 것은 쉽지 않다.   ⑤ 그 소녀는 우울해서 울지 않을 수 없었다.

해설 ④ '어떻게 ~할지'의 뜻인 「how to-v」는 「how + 주어 + should + 동사원형」으로 바꿔 쓸 수 있다. (how should I dress for → how I should dress for)

어휘 dress for ~에 적합한 옷을 입다

12 동명사의 역할 / to부정사의 의미상의 주어 / to부정사를 이용한 구문

해석 ① 콘서트에 가는 게 어때?   ② 네가 놀라는 것은 당연하다.
③ Jessica는 작별 인사를 하지 않고 떠났다.   ④ 그는 법정에서 진실을 말하기를 피했다.

해설 ⑤ '~할 만큼 충분히 …하게'는 「부사 + enough + to-v」의 형태로 쓴다. (enough fast to win → fast enough to win)

어휘 say goodbye 작별 인사를 하다   court 법정

13 수량형용사

해설 ③ 수량형용사 a little은 '조금 있는, 약간의'라는 뜻이고, little은 '거의 없는'이라는 뜻이다. 따라서, 주어진 문장은 '그녀는 나에게 약간의 조언을 해 주었다.'라고 해석하는 것이 적절하다.

14 가정법 과거완료

해석 a. 그녀가 안전벨트를 매지 않았더라면, 그녀는 살아남지 못했을 텐데. → 그녀가 안전벨트를 맸기 때문에, 그녀는 살아남았다.

해설 「If + 주어 + had v-ed, 주어 + 조동사의 과거형 + have v-ed」 형태의 가정법 과거완료는 과거 사실과 반대되는 상황을 가정하므로 빈칸이 있는 문장은 과거시제로 써야 한다.

어휘 fasten 단단히 고정시키다, 묶다   survive 살아남다, 생존하다

15 접속사

해석 a. 너무 더워서 나는 선풍기를 켰다.   d. 그는 소음 때문에 짜증이 났다.

해설 b. 「주어 + 동사」의 절을 이끄는 것은 전치사가 아니라 접속사이다. 전치사 during 대신 접속사 while을 써야 한다. (during → while) / c. 조건을 나타내는 부사절에서는 현재시제를 써서 미래시제를 나타낸다. (if you will be late → if you are late)

어휘 fan 선풍기   available 사용 가능한   annoy 짜증나다

16 재귀대명사 / 부정대명사 / 조건 부사절의 시제 / 관계대명사 what

해석 ① 그가 직접 이 책상을 만들었다.   ③ 무슨 일이 발생하면, 나는 너에

게 전화할 것이다.   ④ 내가 되고 싶은 것은 유명한 배우이다.

[해설] ②「every + 단수명사」는 단수 취급하므로, 동사 역시 단수동사를 써야 한다. (are → is) / ⑤ both는 '둘 다'의 의미로, 복수 취급한다. 따라서 동사 역시 복수동사를 써야 한다. (is → are)

[어휘] unique 독특한

17 「동사 + 부사」의 동사구 / 형용사의 위치 / 원급, 비교급을 이용한 표현

[해석] a. 그는 모자를 벗었다.   b. 〈라이온킹〉은 무척 흥미로운 영화다! c. Jake와 Chris 중에 누가 더 열심히 일하니?   d. 두 번째 책은 첫 번째 것만큼 좋지는 않다.

[해설] a. '~을 벗다'를 의미하는 동사구는 take off이므로, 빈칸에는 ① off가 들어간다. / b. '그렇게[무척] ~한'은 「such + a[n] + 형용사 + 명사」의 형태이므로, 빈칸에는 ② an이 들어간다. / c. 'A와 B 중에서 누가 더 ~한가?'는 「Who ~ 비교급, A or B?」의 형태이므로, 빈칸에는 ④ or가 들어간다. / d. '~만큼 …하지 않은'의 의미는 「not + as[so] + 원급 + as」로 나타내므로 ⑤ as가 온다.

18 동명사의 역할 / to부정사의 의미상의 주어 / to부정사를 이용한 구문

[해석] (A) 나를 초대해 줘서 고마워.   (B) 네 재킷을 빌려주다니 넌 친절했다.   (C) 방이 너무 어두워서 아무것도 볼 수 없었다.

[해설] (A) for와 같은 전치사는 동명사를 목적어로 쓴다. / (B) kind와 같이 사람의 성격이나 성질에 대한 주관적 평가를 나타내는 형용사가 올 때는 「of + 목적격」으로 to부정사의 의미상의 주어를 쓴다. / (C) '너무 ~해서 …할 수 없는'의 의미는 「too + 형용사[부사] + to-v」로 쓴다

[어휘] invite 초대하다

19 to부정사와 전치사 / 가주어 it / 동명사의 역할

[해석] (A) 나는 이야기를 할 누군가가 필요하다.   (B) 전화를 받는 것은 내 일이 아니다.   (C) 새로운 사람들을 만나는 것은 여행의 좋은 점이다.

[해설] (A) to부정사의 형용사적 용법으로 쓰인 동사가 자동사일 경우, 목적어를 갖기 위해서는 전치사가 필요하므로(talk to someone) 전치사를 써 주어야 한다. / (B) to부정사구 주어가 길어질 때 진주어를 뒤로 보내고 쓸 수 있는 가주어는 It이다. / (C) 동명사 주어는 단수 취급하므로 단수형 be동사 is를 쓴다.

[어휘] benefit 혜택, 이득

20 가목적어 it

[해석] 그녀는 저녁을 먹은 후에 한 시간 동안 산책하는 것을 규칙으로 했다.

[해설] to부정사 목적어가 길어지는 경우 to부정사(구)를 뒤로 보내고, 그 자리에 가목적어 it을 쓴다. 따라서, 원래 목적어의 자리인 동사 made 뒤의 ⓑ에 가목적어 it이 들어가는 것이 알맞다.

21 4형식 문장의 3형식 전환

[해석] 1) Jeremy는 Sasha에게 충고를 해 주었다.
2) 그는 그녀에게 커피 한 잔을 만들어줄 것이다.

[해설] 1) 4형식 문장을 3형식으로 전환할 때 동사 give는 간접목적어 앞에

전치사 to를 쓴다.
2) 4형식 문장을 3형식으로 전환할 때 동사 make는 간접목적어 앞에 전치사 for를 쓴다.

22 부정대명사 구문

[해석] 바구니에 두 개의 사과가 있다. 한 개는 빨간색이고, 나머지 한 개는 초록색이다.

[해설] 두 개가 있을 때 둘 중 하나는 one으로, 다른 하나는 the other로 표현한다.

23 비교급을 이용한 표현 / 「동사 + 부사」의 동사구 / 분사구문

[해석] 1) 나무들이 점점 더 크게 자랐다.
3) 나는 월요일에 보고서를 제출할 것이다.

[해설] 2) 전치사 than은 형용사의 비교급 형태와 같이 쓰인다. (the most useful than → more useful than)
4) 분사구문의 부정형은 분사구문 앞에 Not을 써야 한다. (Having not → Not having)

[어휘] hand in 제출하다

24 과거진행형

[해설] 과거의 일은 과거시제로 나타내며, '~하고 있었다'라는 뜻의 과거진행형은 「be동사의 과거형 + v-ing」의 형태로 나타낸다. 주어(Nick)가 3인칭 단수이므로 be동사는 was를 쓴다.

25 4형식 문장의 수동태 / 지각동사의 수동태

[해석] 1) 그들은 Dorothy에게 초대장을 보냈다. → Dorothy는 그들에 의해 초대장을 받았다. → 초대장이 그들에 의해 Dorothy에게 보내졌다.
2) 우리는 두 명의 낯선 사람들이 그 건물에 들어가고 있는 것을 보았다. → 두 명의 낯선 사람들이 그 건물에 들어가는 것이 우리에게 목격되었다.

[해설] 1) 동사 send가 쓰인 4형식 문장의 경우, 두 개의 목적어를 각각 주어로 하여 두 개의 수동태 문장을 만들 수 있다.

〈간접목적어가 주어인 경우〉

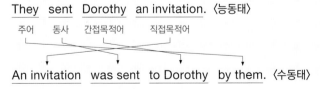

〈직접목적어가 주어인 경우〉

2) 지각동사가 수동태로 쓰일 경우, 능동태의 목적격보어로 쓰인 현재분사는 수동태에서도 현재분사 그대로 쓴다.

[어휘] invitation 초대장   stranger 낯선 사람   enter ~에 들어가다

MEMO